もくじ

JN014518

世界と日本の姿，人々の生活と環境^{かんきょう}

整理しよう

解答➡別冊 p.2

世界の地域区分

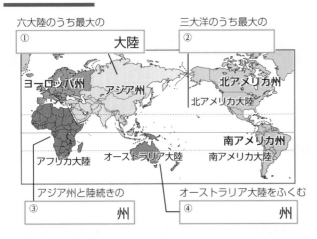

六大陸のうち最大の ① ［　　　　］大陸

三大洋のうち最大の ② ［　　　　］

ヨーロッパ州　アジア州

北アメリカ州

北アメリカ大陸

南アメリカ州

アフリカ大陸　オーストラリア大陸　南アメリカ大陸

アジア州と陸続きの ③ ［　　　　］州

オーストラリア大陸をふくむ ④ ［　　　　］州

緯線と経線

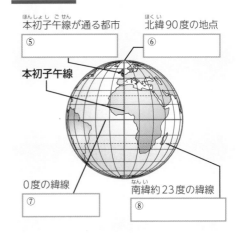

本初子午線が通る都市 ⑤ ［　　　　］

北緯90度の地点 ⑥ ［　　　　］

本初子午線

0度の緯線 ⑦ ［　　　　］

南緯約23度の緯線 ⑧ ［　　　　］

人々の生活と環境

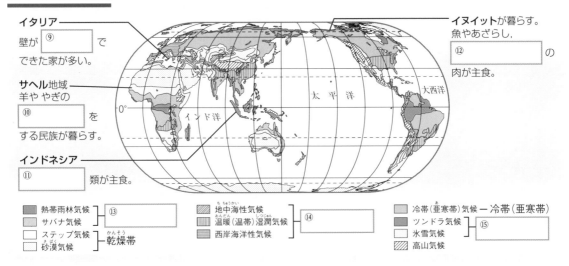

イタリア
壁が ⑨ ［　　　　］で
できた家が多い。

サヘル地域
羊やyagiの
⑩ ［　　　　］を
する民族が暮らす。

インドネシア
⑪ ［　　　　］類が主食。

イヌイットが暮らす。
魚やあざらし，
⑫ ［　　　　］の
肉が主食。

太平洋　大西洋　インド洋

- ■ 熱帯雨林気候　⎱ ⑬ ［　　　　］
- ■ サバナ気候　⎰
- □ ステップ気候　⎱ 乾燥帯^{かんそう}
- □ 砂漠気候^{さばく}　⎰

- ▨ 地中海性気候^{ちちゅうかい}　⎱
- ▤ 温暖（温帯）湿潤気候^{おんだん しつじゅん}　⎬ ⑭ ［　　　　］
- □ 西岸海洋性気候　⎰

- ■ 冷帯（亜寒帯）気候 ― 冷帯（亜寒帯）
- ■ ツンドラ気候　⎱ ⑮ ［　　　　］
- □ 氷雪気候　⎰
- ▨ 高山気候

世界の主な宗教

⑯ ［　　　　］教（ヨーロッパ州や南北アメリカ州で信仰^{しんこう}がさかん。）

⑰ ［　　　　］教（信者の大部分をインド人が占める。）

⑯ 24.3億人 (31.2%)	イスラム教 18.8億 (24.1)	⑰ 11.8億 (15.1)	仏教 5.4億 (6.9)	その他

（2020年）

（2020/21年版『世界国勢図会』）

1　世界と日本の姿

(1) ユーラシア大陸は ＿＿＿＿＿＿＿＿ 州とアジア州に分けられる。

(2) 三大洋のうち，＿＿＿＿＿＿＿＿ にはアフリカ大陸と南アメリカ大陸がともに面している。

(3) 海に面していない国を ＿＿＿＿＿＿＿ という。

(4) まわりを海に囲まれ，海に国境がある国を ＿＿＿＿＿＿ という。

(5) 同じ緯度を結んだ線を ① ＿＿＿＿＿＿＿＿ といい，南北に ② ＿＿＿ 度ずつに分かれている。

(6) 同じ経度を結んだ線を ① ＿＿＿＿＿＿＿＿ といい，東西に ② ＿＿＿ 度ずつに分かれている。

(7) 北極や南極に近い地域では，夏に太陽が深くしずまずに明るいままの夜が続く ＿＿＿＿＿＿＿ という現象が見られる。

(8) 日本の最南端に位置する島を ＿＿＿＿＿＿＿ という。

(9) 日本の最北端に位置する ① ＿＿＿＿＿＿＿ をふくむ4島をまとめて北方領土といい，② ＿＿＿＿＿＿＿＿ が不法に占拠している。

(10) 領土の沿岸から ① ＿＿＿＿＿＿＿ 海里までの，領海をのぞく範囲を ② ＿＿＿＿＿＿＿＿ といい，沿岸の国が水産資源や鉱産資源を管理する権利をもつ。

2　人々の生活と環境，宗教と言語

(1) 北アメリカ州の北部には，＿＿＿＿＿＿＿ やイヌピアットという先住民族が住んでいる。

(2) 温帯のうち，冬に雨が多く，夏は乾燥する気候を ＿＿＿＿＿＿＿ 気候という。

(3) 1年中，葉がしげる熱帯の密林を ＿＿＿＿＿＿＿ という。

(4) 熱帯や乾燥帯では，森林や草原を焼いてできた灰を肥料とする ＿＿＿＿＿＿＿ 農業が行われている。

(5) モンゴルの遊牧民は ＿＿＿＿＿ とよばれる，組み立てや分解のしやすい移動式の住居を，古くから使ってきた。

(6) 主な穀物のうち，＿＿＿＿＿＿＿ はパンやパスタに加工される。

(7) 仏教・キリスト教・イスラム教を，世界の ＿＿＿＿＿＿＿ という。

(8) ＿＿＿＿＿＿＿ 教徒は，1日5回，聖地メッカへ向かって祈る。

(9) タイの ＿＿＿＿＿ 教徒の男性は，一生に一度出家して修行を積む。

(10) 役所などで公に用いられている言語を ＿＿＿＿＿＿＿ という。

1日目 2日目 3日目 4日目 5日目 6日目 7日目 8日目 9日目 10日目

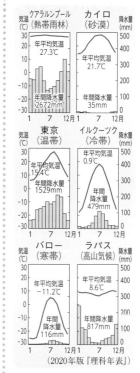

世界と日本の姿，人々の生活と環境

定着させよう

解答 ➡ 別冊 p.2

1 次の問いに答えなさい。

[9点×6]

(1) 右の地図Ⅰは，東京からの距離（きょり）と方位が正しい地図である。次の問いに答えなさい。なお，緯線（いせん）と経線（けいせん）はいずれも20度間隔（かんかく）である。〈岡山〉

① 地図Ⅰ中のA～Dの都市を，東京からの距離が近いものから順に並べたとき，3番目になるものはどれか，1つ選びなさい。〔　　〕

② 地図Ⅰ中の6つの大陸のうち，3つの大洋に面し，実際の陸地面積が最も大きい大陸を何というか，書きなさい。〔　　　　〕

地図Ⅰ

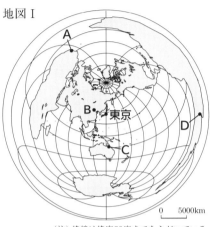

（注）緯線は緯度80度までをえがいている。

(2) 地図Ⅱを見て，次の問いに答えなさい。

① 地図Ⅱ中のXはシンガポールであり，その経度はおよそ東経（とうけい）105度である。また，地図Ⅱ中のYは，地球上でXの反対の地点である。Yのおよその経度として最も適当なものを，次のア～エから1つ選びなさい。〈青森〉〔　　〕

ア　東経75度　　イ　東経85度　　ウ　西経75度　　エ　西経85度

地図Ⅱ

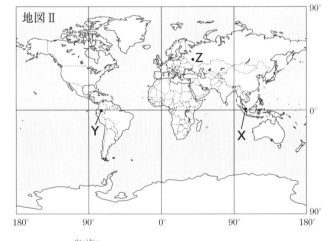

② 地図Ⅱ中に示した都市Zの位置を，緯度と経度を用いて表すとき，次の文のaとbにあてはまる語を書きなさい。〈埼玉〉

a〔　　　　〕　b〔　　　　〕

都市Zの位置は，およそ ▢a▢ 緯度56度，▢b▢ 経度38度と表すことができる。

③ 地図Ⅱの世界地図の特徴（とくちょう）について説明した文として適当なものを，次のア～エから1つ選びなさい。〈青森〉〔　　〕

ア　中心からの距離と方位が正しい。　　イ　緯線と経線が直角に交わる。
ウ　中・高緯度地方の面積が正しい。　　エ　距離や面積，形，方位が正しい。

2 右の地図を見て，次の問いに答えなさい。 〔(1)(3)各9点，(2)16点，(4)完答12点〕

(1) 地図中の ▭ で示した国
で，人口の60%以上が信仰
している宗教を，次の**ア**〜**エ**
から1つ選びなさい。〈山口〉

　　　〔　　　　　〕

ア　ヒンドゥー教

イ　イスラム教

ウ　仏教

エ　キリスト教

(2) 資料Ⅰは，地図中の**X**地点のような永久凍土の分布する地域で見られ
る建物の模式図である。寒さを防ぐ目的以外に建物を高床式にする理
由を，1つ書きなさい。〈沖縄〉

資料Ⅰ

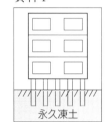

永久凍土

(3) 次の文は，地図中の**Y**国と**Z**国の高地における農業のようすである。文中の ▭**a**▭ 〜
▭**c**▭ に入る語の組み合わせとして正しいものを，あとの**ア**〜**エ**から1つ選びなさい。〈山口〉

　　　　　　　　　　　　　　　　　　　　　　　　　〔　　　　　〕

　標高6,000m級の山々が連なる ▭**a**▭ 山脈に住む人々は，標高の高いところまで畑
にして，寒さに強い作物をつくっている。標高が2,000〜3,000mの一帯では ▭**b**▭ を，
それよりも高く，より寒い一帯では ▭**c**▭ をつくり，農業に向かない標高4,000m以
上の一帯では，リャマやアルパカなどの放牧をしている。

ア　**a**−ロッキー　**b**−とうもろこし　**c**−じゃがいも

イ　**a**−ロッキー　**b**−じゃがいも　　**c**−とうもろこし

ウ　**a**−アンデス　**b**−とうもろこし　**c**−じゃがいも

エ　**a**−アンデス　**b**−じゃがいも　　**c**−とうもろこし

(4) 資料Ⅱは，ある宗教を信仰している人々がガンジス川で
身を清めているようすである。このようすが見られる国
を，地図の ▨ で示した**ア**〜**エ**から1つ選びなさい。
また，その国の大多数の国民から信仰されている宗教は
何か，書きなさい。〈熊本〉

資料Ⅱ

　　　　　　　　　　国〔　　　　〕宗教〔　　　　　　　〕

5

2日目

世界のさまざまな地域

整理しよう

解答➡別冊 p.3

世界の諸地域と農林水産業

▨ :大麦や，
　①　の栽培地域　　　　　　②　の栽培地域　　　　　　③　の栽培地域

▨ :アジア州を中心とする，

▨ :南北アメリカ州を中心とする，

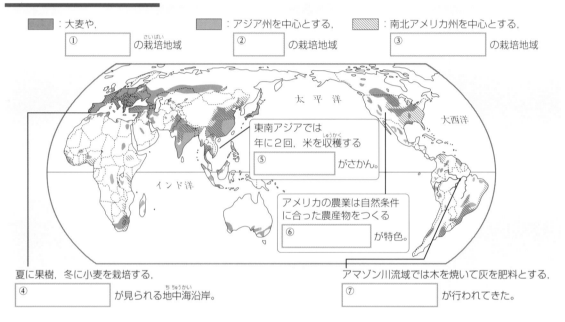

東南アジアでは
年に2回，米を収穫する
⑤　がさかん。

アメリカの農業は自然条件
に合った農産物をつくる
⑥　が特色。

夏に果樹，冬に小麦を栽培する，
④　が見られる地中海沿岸。

アマゾン川流域では木を焼いて灰を肥料とする，
⑦　が行われてきた。

世界の諸地域と鉱工業

◆ :⑧　の産出地　　　▲ :⑨　の産出地　　　♯ :⑩　の産出地

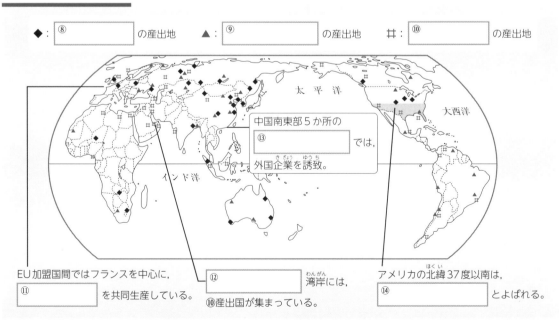

中国南東部5か所の
⑬　では，
外国企業を誘致。

EU加盟国間ではフランスを中心に，
⑪　を共同生産している。

⑫　湾岸には，
⑩産出国が集まっている。

アメリカの北緯37度以南は，
⑭　とよばれる。

1　世界の自然・民族

(1) アジア州の東部は，夏と冬で向きが変わる＿＿＿＿＿＿＿という風の影響を強く受けている。

(2) ヨーロッパ州では，＿＿＿＿＿＿＿教の教会を中心に街づくりが行われてきた。

(3) アフリカ州の国々は，かつてヨーロッパ州の国々の＿＿＿＿＿＿＿とされていたため，現在も英語などを公用語にする国が多い。

(4) アメリカには，ラテンアメリカから移住した＿＿＿＿＿＿＿とよばれるスペイン語を話す人が多い。

(5) アルゼンチン東部には＿＿＿＿＿＿＿とよばれる草原が広がる。

(6) オーストラリアの先住民族を＿＿＿＿＿＿＿という。

2　世界の産業

(1) 西アジアを中心とする石油産出国は，＿＿＿＿＿＿＿という組織を結成して結びついている。

(2) オランダやデンマークでは，乳牛を飼育してチーズなどを生産する＿＿＿＿＿＿＿がさかんである。

(3) EU（ヨーロッパ連合）加盟国の多くで，共通通貨＿＿＿＿＿＿＿が導入されている。

(4) アフリカ州では，少ない種類の農産物や鉱産資源の輸出にたよる＿＿＿＿＿＿＿経済の国が多い。

(5) ギニア湾岸では，ココアの原料となる＿＿＿＿＿＿＿の栽培がさかんである。

(6) ロッキー山脈とプレーリーの間の＿＿＿＿＿＿＿という平原では，小麦栽培がさかんである。

(7) アメリカには，世界各地に生産・販売拠点をもつ＿＿＿＿＿＿＿企業が多い。

(8) 南アメリカ州では＿＿＿＿＿＿＿という大農園が開かれ，コーヒー豆などが栽培されてきた。

(9) ブラジルではさとうきびなどから＿＿＿＿＿＿＿燃料がつくられ，自動車の燃料として使われている。

(10) オーストラリアの多くの鉱山は，＿＿＿＿＿＿＿掘りという方法で採掘されている。

(11) オーストラリアでは＿＿＿＿＿＿＿や牛の飼育がさかんである。

1日目　2日目　3日目　4日目　5日目　6日目　7日目　8日目　9日目　10日目

1

参考 ヨーロッパの気候

ヨーロッパ州の大部分は，日本より高緯度であるが，北大西洋海流と偏西風の影響で気候は比較的温暖である。

参考 アフリカ州の植民地支配

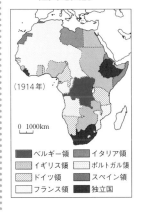

(1914年)

0　1000km

■ ベルギー領	■ イタリア領
▨ イギリス領	■ ポルトガル領
▨ ドイツ領	■ スペイン領
□ フランス領	■ 独立国

2

確認 農業の形式

混合農業…穀物・飼料作物栽培＋牧畜

地中海式農業…果樹栽培（夏）＋小麦栽培（冬）

注意 工業化の進展

アジアNIES の共通点…鉱産資源にめぐまれていないため，工業製品の輸出を増やすことで経済成長に成功した。

BRICS の共通点…鉱産資源や人口（国内市場）にめぐまれており，資源価格の上昇が経済成長につながった。

参考 バイオ燃料の問題点

原料となるさとうきびなどの需要が高まり，農産物の値段が国際的に上昇してしまうことがある。

2日目 世界のさまざまな地域

定着させよう

解答 ➡ 別冊 p.4

1 次の問いに答えなさい。

[(4)14点, 他9点×3]

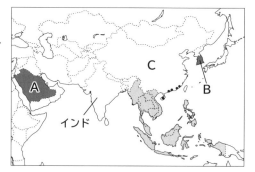

(1) 地図中の ▨▨▨ の国々のうち, 10か国で構成されている, 地域協力を目的とした組織を, 次の**ア～エ**から1つ選びなさい。〈福井〉

[　　　]

ア APEC（エイペック）　**イ** ASEAN（アセアン）
ウ EU　**エ** OPEC（オペック）

(2) 資料Ⅰは, 地図に示された**A**国または**B**国の日本への輸出品目と, 輸出額の割合を示している。また, グラフ**X**と**Y**は, 1978年と2019年のいずれかの年を示している。資料Ⅰについて述べた文として正しいものを, 次の**ア～エ**から1つ選びなさい。〈福井〉

[　　　]

ア A国のグラフで, Xは1978年, Yは2019年のものである。
イ A国のグラフで, Xは2019年, Yは1978年のものである。
ウ B国のグラフで, Xは1978年, Yは2019年のものである。
エ B国のグラフで, Xは2019年, Yは1978年のものである。

資料Ⅰ

X
機械類 26%
その他 50
鉄鋼 11
石油製品 13

Y
衣類 20%
その他 55
魚介類 17
機械類 8

(1980年, 2020/21年版『日本国勢図会』)

(3) 地図中の**C**国では, 1970年代に地図中の●に ▢▢▢▢ 特区を設けて外国企業を誘致して以来, 沿海部を中心に1人あたり国内総生産が高くなった。▢▢▢▢ にあてはまる語句を書きなさい。〈栃木・改〉

[　　　　　　　]

(4) 地図中のインドでは, アメリカとの関係を深めることにより, 情報通信産業が発展してきた。その理由として, 国内に英語を話す人が多いこと, アメリカと比べて人件費が安いこと以外に考えられることを, 資料Ⅱを参考にして, 35字程度で説明しなさい。ただし, 「インドでは」という書き出しで説明すること。〈島根〉

資料Ⅱ
仕事の引きつぎ

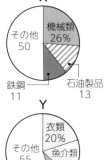

アメリカ合衆国 19:00
インド 8:30

[インドでは　　　　　　　　　　　　　　　　]

2 右の地図を見て，次の問いに答えなさい。

〔⑹14点，他9点×5〕

(1) 資料Ⅰは，地図中の**a～d**の
いずれかの都市の気温と降水
量を表している。その都市は
どれか，**a～d**から1つ選び
なさい。〈徳島〉　〔　　　　〕

(2) 資料Ⅱは，地図中の**A～D**国
の人口密度，出生率，
穀物生産量，1人あ
たり国民総所得を表
したものである。**A**
国にあてはまるもの
はどれか，資料Ⅱの
ア～エから1つ選び
なさい。〈徳島〉

資料Ⅰ

気温(℃) ／ 降水量(mm)
年平均気温 21.7℃
年間降水量 35mm

（2020年版『理科年表』）

資料Ⅱ

国	人口密度 （人/km²）	出生率 （人）	穀物生産量 （千t）	1人あたり国民 総所得（ドル）
ア	25	1.7	103,065	8,785
イ	34	1.7	467,951	63,704
ウ	234	1.6	37,956	48,843
エ	223	5.4	26,216	1,976

（2020/21年版『世界国勢図会』）

〔　　　　〕

(3) 地図中の**あ**の大陸をかつて植民地にして支配した国として適当なものを，次の**ア～エ**か
ら1つ選びなさい。〈愛媛〉　〔　　　　〕

ア ポルトガル　　**イ** スペイン　　**ウ** イギリス　　**エ** フランス

(4) 地図中の**C**国では，インド出身者が数学の教育水準が高いことなどを理由に □□□ 関
連産業で活躍している。 □□□ にあてはまる語句を書きなさい。〈沖縄・改〉

〔　　　　〕

(5) 資料Ⅲは，地域ごとに経済的なまとまりをつ
くっているUSMCA，ASEAN，EUを比較し
たものである。このうち，地図中の**A**国がふ
くまれる組織を示しているものを，**ア～ウ**か
ら1つ選びなさい。〈奈良〉　〔　　　　〕

資料Ⅲ

	面積 （千km²）	人口 （百万人）	GDP （億ドル）	輸出入総額 （億ドル）
ア	4,486	654	29,715	28,527
イ	4,374	512	187,758	117,410
ウ	21,783	490	235,162	60,829
日本	378	127	49,713	14,862

（2018年）　　（2020/21年版『世界国勢図会』）

(6) 資料Ⅳは，2006年から2010年の原油の国際
価格の推移を表したものである。また，資料
Ⅴは地図中の**B**国の，全輸出品目の合計金額
（輸出総額）の推移を表している。原油の国際
価格の変動が**B**国の輸出総額に影響すること
を裏づけるためには，他にどのような資料が
必要か，書きなさい。〈岩手〉

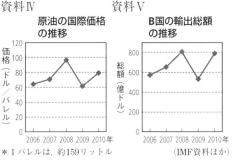

資料Ⅳ　原油の国際価格の推移

資料Ⅴ　B国の輸出総額の推移

＊1バレルは，約159リットル

（IMF資料ほか）

〔

〕

学習日　　月　　日

3日目 日本のさまざまな地域

整理しよう

解答➡別冊 p.5

日本の諸地域と農林水産業

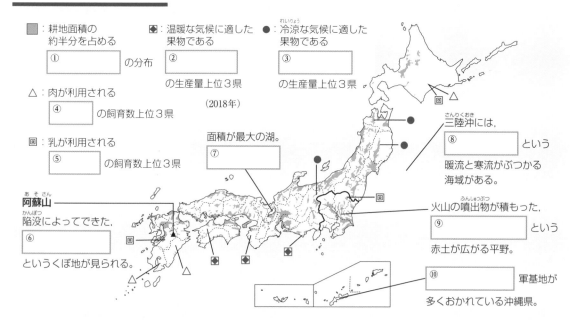

■：耕地面積の約半分を占める ① ［　　　　］ の分布

◈：温暖な気候に適した果物である ② ［　　　　］ の生産量上位３県

●：冷涼（れいりょう）な気候に適した果物である ③ ［　　　　］ の生産量上位３県

（2018年）

△：肉が利用される ④ ［　　　　］ の飼育数上位３県

回：乳が利用される ⑤ ［　　　　］ の飼育数上位３県

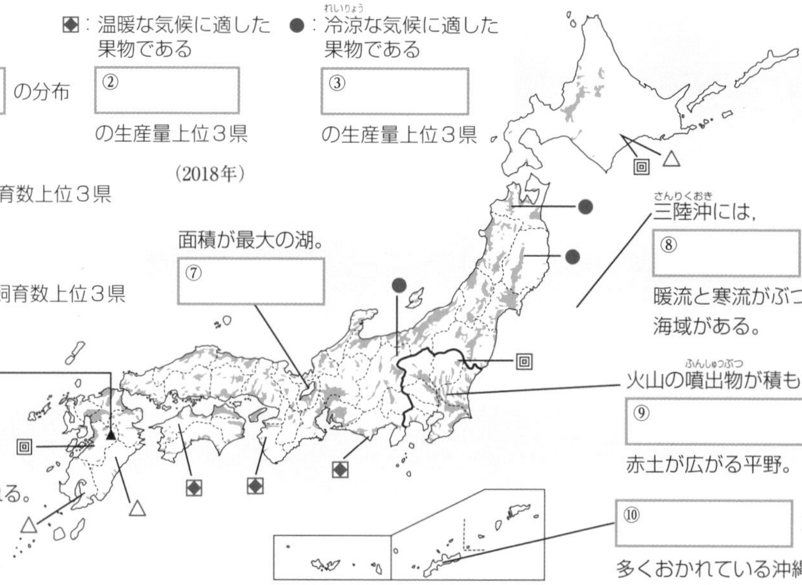

面積が最大の湖。 ⑦ ［　　　　］

三陸沖（さんりくおき）には, ⑧ ［　　　　］ という暖流と寒流がぶつかる海域がある。

阿蘇山（あそさん）

陥没（かんぼつ）によってできた, ⑥ ［　　　　］ というくぼ地が見られる。

火山の噴出物（ふんしゅつぶつ）が積もった, ⑨ ［　　　　］ という赤土が広がる平野。

⑩ ［　　　　］ 軍基地が多くおかれている沖縄県。

日本の諸地域と鉱工業

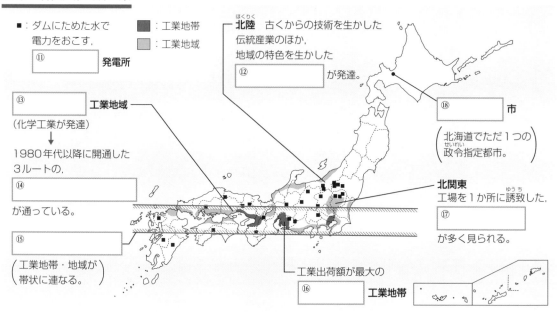

■：ダムにためた水で電力をおこす, ⑪ ［　　　　］ 発電所

■：工業地帯

■：工業地域

北陸（ほくりく）　古くからの技術を生かした伝統産業のほか, 地域の特色を生かした ⑫ ［　　　　］ が発達。

⑬ ［　　　　］ 工業地域

（化学工業が発達）

↓

1980年代以降に開通した3ルートの, ⑭ ［　　　　］ が通っている。

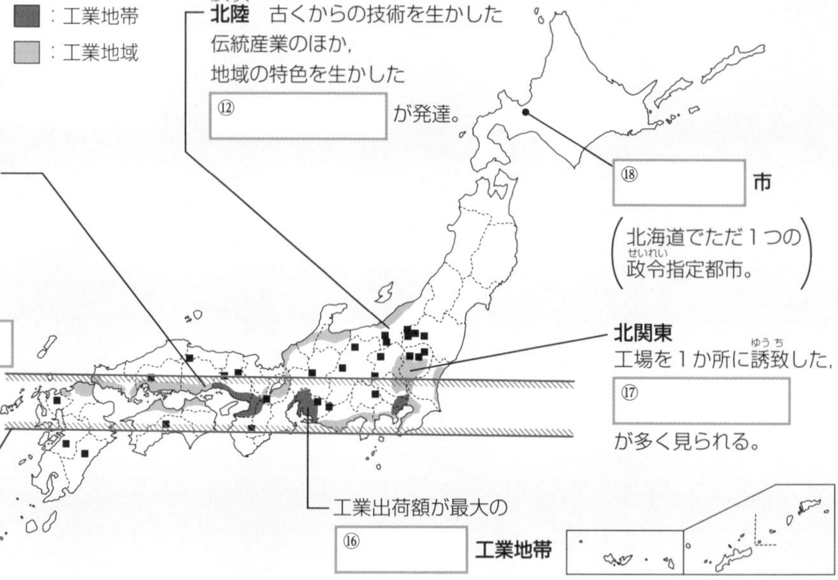

⑱ ［　　　　］ 市

（北海道でただ１つの政令（せいれい）指定都市。）

北関東

工場を１か所に誘致（ゆうち）した, ⑰ ［　　　　］ が多く見られる。

⑮ ［　　　　］

（工業地帯・地域が帯状に連なる。）

工業出荷額が最大の ⑯ ［　　　　］ 工業地帯

1 日本の自然・社会

(1) 日本列島は ① _____ 造山帯(ぞうざんたい)に属しており，② _____ や火山の噴火による災害が多い。

(2) 水深200mまでの浅い海底を _____ といい，水産資源や鉱産資源にめぐまれている。

(3) 東北(とうほく)地方では，① _____ という冷たい北東風の影響(えいきょう)で農産物の生育が悪くなる ② _____ が発生しやすい。

(4) 農村部や離島(りとう)では，若者の流出と高齢化(こうれいか)により _____ が問題となっている。

(5) 大阪や東京の郊外(こうがい)では，_____ とよばれる大規模な住宅地区が整備された。

(6) 北海道には，先住民族である _____ の人々の言葉から生まれた地名が多い。

2 日本の産業

(1) 九州南部に広がる，火山灰が積もってできた _____ では，さつまいもや茶の栽培，畜産などがさかんである。

(2) 宮崎平野や高知平野では，野菜の _____ 栽培(さいばい)がさかんである。

(3) 讃岐(さぬき)平野では，かんがい用の _____ がつくられてきた。

(4) 大阪市では，商品を小売(こうり)へおろす _____ 業が江戸(えど)時代からさかんで，さまざまな問屋(とんや)が集まっている。

(5) 牧ノ原(まきのはら)で栽培される _____ は，静岡県の生産量が全国有数となっている。

(6) コシヒカリなど，地域ごとの独自の品種の米を _____ という。

(7) 東京都・神奈川県などには，機械工業や出版・印刷業の発達した _____ 工業地帯が広がる。

(8) 三陸海岸では，せまい水域でわかめ・かき・ほたてなどを育てる _____ 漁業がさかんである。

(9) 北海道東部の _____ 台地では，酪農(らくのう)が発達している。

(10) 釧路港(くしろ)などを基地に，オホーツク海などで漁を行う _____ 漁業(ぎょぎょう)は，排他的経済水域(はいたてき)の設定などによりおとろえてきた。

(11) 高速交通網(もう)の _____ は，2011年に鹿児島県まで，2016年には北海道までの路線が開通した。

1日目
2日目
3日目
4日目
5日目
6日目
7日目
8日目
9日目
10日目

1

(確認) 川がつくる地形

扇状地(せんじょうち)…川が山間部から平地にでたところにつくられる扇形の地形→果樹園に利用。

三角州(さんかくす)…川の河口部につくられる→水田などに利用。

(注意) 7つの地方区分

九州，中国・四国，近畿(きんき)，中部(ちゅうぶ)，関東(かんとう)，東北，北海道

(確認) 三大都市圏(けん)

東京大都市圏(人口1位)，大阪(京阪神(けいはんしん))大都市圏(人口2位)，名古屋(なごや)大都市圏(人口3位)

2

(注意) 栽培の方法

促成栽培(そくせい)…ビニールハウスなどを利用して，出荷時期を早める。

抑制栽培(よくせい)…涼しい気候を利用して，出荷時期を遅くする。

(参考) 工業地帯・地域の出荷割合

(2017年)

	金属	機械	化学	繊維	食料品	その他
京浜工業地帯	8.9%	49.4	17.7	0.4	11.0	12.6
中京工業地帯	9.4%	69.4	6.2	0.8	4.7	9.5
阪神工業地帯	20.7%	36.9	17.0	1.3	11.0	13.1
北九州工業地域	16.3%	46.6	5.6	0.5	16.9	14.1
瀬戸内工業地域	18.6%	35.2	21.9	2.1	8.1	14.1

(2020/21年版『日本国勢図会』)

(注意) 輸送の方法

航空輸送…生鮮品や小さいわりに値段の高い半導体。

海上輸送…重くかさばる鉱産資源や自動車。

11

3日目　日本のさまざまな地域

定着させよう

解答➡別冊 p.6

1 次の問いに答えなさい。

[(6)12点, 他5点×7]

(1) 右の表は, 7地方区分の面積などを比べたもので, **ア〜エ**は関東, 近畿, 中部および北海道のいずれかが入る。近畿にあてはまるものを, **ア〜エ**から1つ選びなさい。〈福井〉

〔　　　〕

地方区分	全国に占める面積の割合(%)	全国に占める人口の割合(%)	各地方区分に占める山地の割合(%)
ア	22	4	49
東 北	18	7	62
イ	18	17	71
中国・四国	13	9	76
九 州	12	11	62
ウ	9	18	64
エ	9	34	40

(2018年)　　　　　　　　　(2020年版『データでみる県勢』)

(2) 右の地図は, 自然の力を利用した主な発電所の分布である。▲, ■, ●にあてはまる発電所を, 次の**ア〜エ**から1つずつ選びなさい。〈福井・改〉

　　▲〔　　　〕 ■〔　　　〕 ●〔　　　〕

ア 地熱　　**イ** 太陽光

ウ 水力　　**エ** 風力

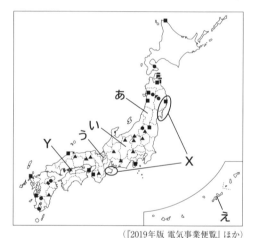

(『2019年版 電気事業便覧』ほか)

(3) 地図中の⬭で示した**X**の地域には, 半島や入り江が入り組んだ海岸線をもつ地形がふくまれている。この地形を何というか, 書きなさい。〈長崎〉

〔　　　　　　　〕

(4) 地図中の**Y**の海周辺の瀬戸内地方には, 石油化学工業などで見られる, 原料から製品までを一貫して生産する工場の集団がある。このような工場の集団を何というか, 次の**ア〜エ**から1つ選びなさい。〈宮城〉　　　　　　　　　　　　　〔　　　〕

ア エコタウン　　**イ** コンビナート　　**ウ** サンベルト　　**エ** ニュータウン

(5) 地図中に**あ〜え**で示した4つの県のうち, 産業別人口に占める第三次産業の割合が最も高い県として適当なものを**あ〜え**から1つ選びなさい。〈三重〉

〔　　　〕

(6) 「ヒートアイランド現象」とはどのような現象であるかを, 「都市において, 」で始まり「現象」で終わる形で説明しなさい。ただし, 「周辺部」という語句を必ず用いること。〈福井・改〉

〔都市において,

現象〕

1日目

2日目

3日目

4日目

5日目

6日目

7日目

8日目

9日目

10日目

2 右の地図を見て，次の問いに答えなさい。

[⑤13点，他5点×8]

(1) この地図は日本を7つの地方に区分したものであり，次の文は，そのいずれかの地方の自然環境や産業について述べたものである。あてはまる地方名を書きなさい。〈徳島・改〉

〔　　　　　　　〕

(2020/21年版『日本国勢図会』)

　　この地方には，3,000m級の山々が連なる山脈が，南北に走っている。日本海側は，日本有数の稲作地域で，地域の自然や歴史を生かした伝統産業がさかんである。太平洋側は，冬でも比較的温暖で，輸送用機械の生産がさかんである。

(2) 資料Ⅰは，日本の一部が位置する東経・北緯を表した図である。地図中の**A**県が位置する範囲はどこか，資料Ⅰの**ア〜エ**から1つ選びなさい。〈徳島〉　　〔　　　　　〕

資料Ⅰ

(3) 地図中の糸魚川市と静岡市を結ぶ線は，おおよそ日本列島を東西に大きく分けるみぞ状の地形の西端となっている。この地形を何というか，書きなさい。〈青森〉　〔　　　　　　　〕

(4) 資料Ⅱは，**あ〜え**の県の農業産出額に占める米，果実および畜産の割合を示したもので，**A〜D**には**あ〜え**のいずれかの県があてはまる。**A**，**B**，**C**それぞれにあてはまる県を，**あ〜え**から選びなさい。〈北海道・改〉

A〔　　〕**B**〔　　〕**C**〔　　〕

資料Ⅱ　　　　　　　　　　　　　　　(%)

県	米	果実	畜産
A	21.3	4.6	59.0
B	33.7	28.6	14.6
C	56.2	3.9	19.5
D	17.2	25.7	28.1

(2018年)　　　　　　(『平成30年 生産農業所得統計』)

(5) 地図中の●は，日本の主な製鉄所の分布を示している。これらの場所に製鉄所が立地した理由を，「原料」という語句を用いて，書きなさい。〈徳島〉

〔　　　　　　　　　　　　　　　　　　　　　　　　　　　　　　　　　　〕

(6) 次の文中の　**a**　にあてはまる語句を書きなさい。また，　**b**　・　**c**　にあてはまる語句の正しい組み合わせを，あとの**ア〜エ**から1つ選びなさい。〈茨城〉

a〔　　　　　　〕**b**・**c**〔　　　　　〕

　　地図中の北海道の地名は，　**a**　語が由来となったとされるいくつかの地名を表している。また，北海道の太平洋岸では，夏になると南東からの暖かい　**b**　が寒流の　**c**　によって冷やされて，濃霧(海霧)が発生する。

ア　**b**−偏西風　**c**−リマン海流　　　**イ**　**b**−偏西風　**c**−親潮(千島海流)

ウ　**b**−季節風　**c**−リマン海流　　　**エ**　**b**−季節風　**c**−親潮(千島海流)

文明のおこり～古代

整理しよう

解答 ➡ 別冊 p.7

時代	時期・西暦	できごと
旧石器	700万～600万年前	▶ アフリカに最古の人類の ① ___ が現れる　　▶ …世界の動き
縄文	1万年前	▶ 日本列島が大陸からはなれる→縄文時代の始まり
	前3000年	▶ ナイル川流域に ② ___ 文明がおこる
	前16世紀	▶ 黄河流域に ③ ___ という国が成立する→中国文明の発展
	前5世紀	▶ インドで ④ ___ が仏教を開く
弥生	前4世紀	▶ 日本で稲作と金属器の使用が始まる→弥生時代の始まり
	前3世紀	▶ ⑤ ___ の始皇帝が中国を統一する
	前1世紀	▶ 地中海沿岸で ⑥ ___ 帝国が成立する
	後1世紀	▶ パレスチナ地方でイエスがキリスト教を開く
		▶ 倭の奴国の王が漢に使いを送り，金印を授けられる
古墳	3世紀	▶ 邪馬台国の女王 ⑦ ___ が魏に使いを送る
		▶ 大和政権(ヤマト王権)が成立する
	593年	▶ ⑧ ___ が推古天皇の摂政となる
飛鳥	645年	▶ 中大兄皇子や中臣鎌足が大化の改新を始める
	672年	▶ 天皇の位をめぐって ⑨ ___ が起こる
	701年	▶ 唐の律令にならって ⑩ ___ が制定される→律令国家の成立
奈良	710年	▶ 都が平城京に移される
	743年	▶ 口分田が不足したため墾田永年私財法が出される
	752年	▶ ⑪ ___ の大仏が完成する
平安	794年	▶ 都が平安京に移される
	797年	▶ ⑫ ___ が征夷大将軍となる
	894年	▶ 菅原道真の意見で中国への ⑬ ___ が停止される
	1016年	▶ 藤原道長が摂政となる→藤原氏の ⑭ ___ 政治が全盛をむかえる
	1053年	▶ 藤原頼通が宇治に ⑮ ___ という阿弥陀堂を建てる

1 文明・宗教のおこり

(1) 旧石器時代には，石を打ち欠いた ＿＿＿＿＿＿＿ が使われていた。

(2) 新石器時代には ＿＿＿＿＿ が木の実の調理などに使われた。

(3) エジプト文明では天文学が発達し，太陽を基準に1年を365日とする ＿＿＿＿＿＿＿ という暦が使われた。

(4) メソポタミア文明では ＿＿＿＿＿＿＿ 文字が発明された。

(5) 紀元前6世紀ころ，中国で ＿＿＿＿＿＿ が儒教を説いた。

(6) 紀元前3世紀，秦にかわって ＿＿＿＿＿ が中国を統一した。

(7) ＿＿＿＿＿＿＿ の教えは，のちにキリスト教となった。

2 日本列島の誕生

(1) 縄文時代の人々が食べ物の残りかすや土器のかけらなどを捨てた跡を，＿＿＿＿＿＿ という。

(2) 縄文時代の人々は，＿＿＿＿＿ 住居に住んだ。

(3) 弥生時代には ＿＿＿＿＿＿＿ ・鉄器の金属器が大陸から伝わった。

(4) 1世紀，奴国の王が漢の皇帝から ＿＿＿＿＿＿ をあたえられた。

(5) 大和政権(ヤマト王権)の支配者を，＿＿＿＿＿＿ という。

(6) 古墳の上やまわりには，人・馬などの形の ＿＿＿＿＿＿ がおかれた。

3 日本の古代国家

(1) 聖徳太子は，① ＿＿＿＿＿＿ 氏と協力して政治を行った。このころ都を中心に栄えた仏教文化を ② ＿＿＿＿＿＿ という。

(2) 中大兄皇子は，大津宮で即位して ＿＿＿＿＿＿＿ となった。

(3) 710年，都が ＿＿＿＿＿ (現在の奈良市)に移された。

(4) 743年に定められた ＿＿＿＿＿＿＿＿＿ により，新たな開墾地であればいつまでも自分のものにしてよいと認められた。

(5) 聖武天皇のころ，仏教と唐の影響を受けた ＿＿＿＿＿ 文化が栄えた。

(6) 794年，＿＿＿＿＿＿ は都を平安京(現在の京都市)に移した。

(7) 9世紀初め，＿＿＿＿＿ は延暦寺を建てて天台宗を広めた。

(8) ＿＿＿＿＿＿ と頼通の親子が，摂関政治の全盛を築いた。

(9) 9世紀には，漢字をもとにして ＿＿＿＿＿＿＿ がつくられ，『枕草子』などの文学作品に用いられた。

1
日目

2
日目

3
日目

4
日目

5
日目

6
日目

7
日目

8
日目

9
日目

10
日目

1

注意 **石器の発達**

打製石器…石を打ち欠いた(旧石器時代)

磨製石器…石をみがいた(新石器時代)

▲打製石器　　▲磨製石器

参考 **文明のおこり**

農耕・牧畜の発達
↓
王の出現・都市の発達
↓
金属器の使用

2

確認 **中国と倭(日本)の関係**

①奴国の王…1世紀，漢に使いを送り金印を授けられる。

②卑弥呼…3世紀，魏に使いを送り，銅鏡などを授けられる。

③倭王武…5世紀，南朝に手紙を送る。

3

注意 **聖徳太子の政治**

十七条の憲法…仏教や儒教の教えをもとに，役人としての心構えを説く。

冠位十二階…世襲ではなく個人の才能によって役人を採用する。

参考 **文字の変化**

万葉がな…漢字の音や訓で日本語を表す。『万葉集』。

かな文字…漢字を変形させて，日本語の発音を表す。『源氏物語』『枕草子』。

4日目 **文明のおこり〜古代**

定着させよう

解答➡別冊 p.7

1 右の図は，歴史を社会のしくみなどによって分けた時代区分を示したものである。この図を見て，次の問いに答えなさい。 [5点×3]

原始	A古代	B	近世	近代	現代

(1) 下線部**A**の時代に，チグリス(ティグリス)川とユーフラテス川の流域に栄え，太陰暦(たいいんれき)がつくられた文明は何か，書きなさい。〈北海道〉 〔   〕

(2) **B** にあてはまる時代区分の名を書きなさい。〈北海道〉 〔   〕

(3) キリスト教，仏教(ぶっきょう)とともに三大宗教の1つとされ，唯一(ゆいいつ)の神アラーへの信仰(しんこう)やコーランに記された教えを大切にする，アラビア半島で生まれた宗教は何か，書きなさい。〈島根〉

〔   〕

2 次の問いに答えなさい。 [5点×4]

(1) 縄文(じょうもん)時代の社会について述べた文として最も適当なものを，次のⅰ群**ア〜エ**から1つ，縄文時代に日本で用いられていたものを，ⅱ群**カ〜ケ**から1つ選びなさい。〈京都〉

ⅰ群〔   〕 ⅱ群〔   〕

ⅰ群 **ア** 王や豪族(ごうぞく)を葬(ほうむ)るために，大きな前方後円墳(ぜんぽうこうえんふん)がつくられた。

　　 イ 稲作(いなさく)が東日本まで広まり，収穫(しゅうかく)した米は高床倉庫(たかゆか)にたくわえられた。

　　 ウ 洞(ほら)くつや岩かげに住みながら，獲物(えもの)を求めて移動をくり返す生活をしていた。

　　 エ 主に木の実などの採集や狩(か)りにより食料を確保し，たて穴住居での生活を始めた。

ⅱ群 **カ** 木簡(もっかん)　**キ** 銅鏡　**ク** 土偶(どぐう)　**ケ** 埴輪(はにわ)

(2) 『魏志(ぎし)』倭人伝(わじんでん)には，邪馬台国(やまたいこく)の女王が魏の皇帝から「親魏倭王(しんぎわおう)」という称号(しょうごう)を授けられ，銅鏡100枚などのおくり物を受けたことが記されている。この女王の名を書きなさい。〈岐阜〉

〔   〕

(3) 右は埼玉県で発掘(はっくつ)された鉄剣(てっけん)の写真である。この鉄剣に刻まれた文字の中の「獲加多支歯(ワカタケル)」は5世紀の人物と考えられているが，5世紀ごろのできごととして，適当なものを，次の**ア〜エ**から1つ選びなさい。〈茨城・改〉 〔   〕

ア すぐれた青銅器(せいどうき)の文化をもつ殷(商)(いん・しょう)が中国におこった。

イ 南朝(なんちょう)と北朝(ほくちょう)とに分かれていた中国を隋(ずい)が統一した。

ウ 邪馬台国の女王は30ほどの小国を従えていた。

エ 大和政権(やまと)(ヤマト王権)の大王(おおきみ)が中国に使いを送り，皇帝(こうてい)の力を借りようとした。

3 右の年表を見て，次の問いに答えなさい。

年	できごと
600 —	A 聖徳太子が十七条の憲法を定める
	中大兄皇子らが [B] の改新を行う
	C 藤原京がつくられる
	D 大宝律令が制定される
	↓ⓐ
800 —	
	E 唐がほろびる
	↓ⓑ
1000 —	F 摂関政治が最盛期をむかえる

(1) 年表中の**A**が創建した □ に残されている建物は，現存する世界最古の木造建築といわれている。□ にあてはまる寺の名を書きなさい。〈愛媛〉

〔　　　　　　　　　〕

(2) 年表中の [B] にあてはまる語句を書きなさい。〈愛媛〉

〔　　　　　　　　　〕

(3) 年表中の**C**は，天武天皇の後に即位した □ がつくった，日本最初の本格的な都である。□ にあてはまる天皇の名を書きなさい。〈愛媛〉 〔　　　　　　　　　〕

(4) 年表中の**D**に関し，次の問いに答えなさい。〈和歌山〉

① 律，令とは，どのようなものか，それぞれ簡単に書きなさい。

律〔　　　　　　　　　〕 令〔　　　　　　　　　〕

② 律令国家の成立とともにつくられた歴史書は『古事記』と，あと1つは何か，書きなさい。 〔　　　　　　　　　〕

③ 戸籍に登録された6歳以上の人々に口分田をあたえ，税を納めさせた制度を何というか，書きなさい。 〔　　　　　　　　　〕

(5) 年表中の**E**は，907年に起こったできごとである。907年は，[X] 世紀にあたり，日本の時代区分では，[Y] 時代にあたる。**X**・**Y**にそれぞれあてはまる語句の組み合わせとして適当なものを，次の**ア〜エ**から1つ選びなさい。〈愛媛〉 〔　　　　　　　　　〕

ア **X**－9 **Y**－奈良　　イ **X**－9 **Y**－平安
ウ **X**－10 **Y**－奈良　　エ **X**－10 **Y**－平安

(6) 年表中のⓐの時期には天平文化，ⓑの時期には国風文化が栄えた。それぞれの文化を代表するものを，次の**ア〜ウ**から1つずつ選びなさい。〈富山〉 ⓐ〔　　　〕 ⓑ〔　　　〕

ア 　　イ 　　ウ

(7) 年表中のⓐの時期に遣唐使とともに唐にわたり，帰国後，比叡山に延暦寺を建て天台宗を広めた人物はだれか，書きなさい。〈富山〉 〔　　　　　　　　　〕

(8) 年表中の**F**のころ，政治の実権をにぎった人物として適当なものを，次の**ア〜エ**から1つ選びなさい。〈宮城・改〉 〔　　　　　　　　　〕

ア 藤原道長　　イ 中臣鎌足　　ウ 行基　　エ 空海

1日目 2日目 3日目 **4日目** 5日目 6日目 7日目 8日目 9日目 10日目

中世〜近世

整理しよう

解答 ➡ 別冊 p.8

時代	西暦	できごと
平安 (へいあん)	935年	▶ ① _____ が北関東で反乱を起こす
	1086年	▶ ② _____ 上皇が院政を始める
	1087年	▶ 源 義家が東北地方の戦乱をしずめる
	1159年	▶ 平治の乱が起こり, ③ _____ が勝利する
鎌倉 (かまくら)	1192年	▶ 源頼朝が征夷大将軍となる
	1221年	▶ ④ _____ の乱が起こる→京都に六波羅探題がおかれる
	1232年	▶ 御成敗式目(貞永式目)が定められる
	1274年	▶ 文永の役が起こる→弘安の役(1281年)と合わせて元寇とよばれる
	1334年	▶ ⑤ _____ 天皇の建武の新政が始まる
室町 (むろまち)	1338年	▶ 足利尊氏が征夷大将軍となる(⑥ _____ 幕府)
	1392年	▶ 南朝と北朝が統一される
	1467年	▶ ⑦ _____ の乱が起こる(戦国時代の始まり)
安土桃山 (あづちももやま)	1549年	▶ ザビエルが ⑧ _____ 教を伝える
	1575年	▶ 織田信長が長篠の戦いで武田軍を破る
	1590年	▶ ⑨ _____ が全国を統一する
江戸 (えど)	1603年	▶ ⑩ _____ が征夷大将軍となる(江戸幕府)
	1635年	▶ 参勤交代が制度化される
	1641年	▶ ⑪ _____ 商館を出島へ移す(鎖国体制)
	1680年	▶ 徳川綱吉が5代将軍となる
	1716年	▶ 徳川吉宗の ⑫ _____ の改革が始まる
	1772年	▶ ⑬ _____ が老中となる
	1787年	▶ 松平定信の ⑭ _____ の改革が始まる
	1825年	▶ 異国船打払令が出される
	1841年	▶ ⑮ _____ の天保の改革が始まる

世界の動き

▶ 十字軍の遠征

ルネサンス

新航路の開拓

宗教改革

ピューリタン革命

名誉革命

アメリカ独立戦争

フランス革命

アヘン戦争

1　中世の日本

(1) 10世紀ごろから，武芸を身につけて，朝廷や地方の国司に仕えて警備をする _____ が成長していった。

(2) 藤原氏と血縁関係がうすい _____ 天皇が即位すると，摂関政治は終わった。

(3) 平清盛は，朝廷の最高の役職である _____ についた。

(4) 1185年，源頼朝は国ごとに① _____ を，荘園や公領ごとに② _____ をおくことを，朝廷に認めさせた。

(5) 鎌倉幕府の将軍の補佐役である執権は，_____ 氏が代々引きついでいくようになった。

(6) 東大寺南大門の両わきに，運慶らのつくった _____ がおかれた。

(7) 元の二度にわたる襲来を，まとめて _____ という。

(8) 鎌倉幕府は1297年に _____ を出して，生活に苦しむ御家人を救おうとした。

(9) 15世紀初め，沖縄で尚氏が _____ 王国を建てた。

2　近世の日本

(1) 種子島に流れ着いたポルトガル人が，_____ を伝えた。

(2) 織田信長は，琵琶湖のほとりに壮大な _____ 城を築いた。

(3) 豊臣秀吉は _____ を行って，百姓から武器を取り上げた。

(4) 堺の商人の _____ は，質素なわび茶を完成させた。

(5) 江戸幕府は大名を3種類に分け，軍事・交通の要地には徳川氏の一族である _____ を配置した。

(6) 1637年，九州のキリスト教徒の百姓などが _____ (の)一揆を起こした。

(7) 徳川綱吉が将軍のころ，上方を中心に町人による _____ 文化が栄えた。

(8) 徳川吉宗は裁判の基準として，_____ という法令集をつくった。

(9) 松平定信は昌平坂学問所をつくり，_____ を学ばせた。

(10) 本居宣長は『古事記伝』を著し，_____ という学問を大成した。

(11) 江戸幕府は1825年に _____ を出し，外国船を追いはらう方針を打ち出した。

1日目

2日目

3日目

4日目

5日目

6日目

7日目

8日目

9日目

10日目

1

確認　平安時代の政治の変化

桓武天皇(平安京)
↓
藤原氏(摂関政治)
↓
武士の登場
↓
白河上皇(院政)
↓
平清盛(太政大臣)

参考　中世～近世の一揆

土一揆	農民が一致団結して借金の帳消し(徳政)を求めて起こした。
国一揆	地方の領主たちが農民を率いて守護大名の支配にさからった。
一向一揆	浄土真宗(一向宗)の信者たちが団結して起こした。
百姓一揆	江戸時代の百姓が，年貢の引き下げや代官の交代などを訴えて起こした。

2

注意　安土桃山時代の宗教政策

織田信長…仏教を弾圧，キリスト教を保護。

豊臣秀吉…キリスト教を保護→のち禁止。

確認　江戸時代の文化

元禄文化…上方中心。菱川師宣(浮世絵)，松尾芭蕉(俳諧)，井原西鶴(浮世草子)，近松門左衛門(人形浄瑠璃)

化政文化…江戸中心。歌川広重・葛飾北斎(錦絵)，小林一茶・与謝蕪村(俳諧)，十返舎一九・滝沢馬琴(小説)

5日目 中世～近世

定着させよう

解答➡別冊 p.9

1 次の問いに答えなさい。

[(2)9点，他5点×9]

(1) 武士が勢力をのばしていった時期について，資料Ⅰ中の**A**・**B**に入る適当な語句を書きなさい。〈富山〉

A〔　　　　　　　〕

B〔　　　　　　　〕

資料Ⅰ

後三条天皇が摂関政治を終わらせる	➡	白河天皇が天皇の位を退き，上皇として政治を動かす。**A**を始める	➡	政治の実権争いから，保元の乱と**B**の乱が起きる	➡	**C**平清盛が武士で初めて太政大臣になる

(2) 資料Ⅰ中の下線部**C**について，この人物が政治の上で大きな力をもった理由を，「自分の娘」と「生まれた子」の2語を用いて，天皇との関係に着目して書きなさい。〈長野・改〉

〔　　　　　　　　　　　　　　　　　　　　　　　　　　　　　　　　〕

(3) 資料Ⅱ中の**D**・**E**にあてはまる人名と語句を，それぞれ漢字で書きなさい。〈鹿児島〉

D〔　　　　　　　〕

E〔　　　　　　　〕

資料Ⅱ

年	できごと
1192	奥州藤原氏を滅ぼした　**D**　が征夷大将軍となる
1467	有力な守護大名の勢力争いなどから　**E**　の乱が起こる
1590	豊臣秀吉が全国を統一する

(4) 資料Ⅱ中の時期につくられた右の**ア**～**ウ**を，年代の古い順に並べなさい。〈鹿児島・改〉

〔　　→　　→　　〕

ア　　　　　　　　　　　イ　　　　　　　　ウ

(5) 資料Ⅲの御成敗式目が定められたとき，北条泰時は，幕府において何という地位についていたか，書きなさい。〈石川〉　〔　　　　　　　〕

資料Ⅲ

御成敗式目（貞永式目）
北条泰時らによって，武士社会の慣習などがまとめられた。

(6) 後醍醐天皇が行った，天皇中心の政治を何というか。〈栃木〉

〔　　　　　　　〕

(7) 右の文中の　**F**　には人物名を，**G**　には当時の中国の国名をそれぞれ漢字で書きなさい。〈兵庫〉

F〔　　　　　　　〕

G〔　　　　　　　〕

資料Ⅳ

南北朝を統一し，金閣を建てた　**F**　は，正式な貿易船であることを証明するものとして資料Ⅳを用いて，**G**　との間で貿易を始めた。

本字壹號

1日目
2日目
3日目
4日目
5日目
6日目
7日目
8日目
9日目
10日目

2 次の問いに答えなさい。

〔(2)(5)各9点，他4点×7〕

(1) 次の**ア**〜**ウ**の文は，ヨーロッパにおけるキリスト教に関するできごとである。古い順に並べかえて，書きなさい。〈大分・改〉　〔　　→　　→　　〕

ア カトリック教会の勢力の立て直しをめざして，イエズス会がつくられた。

イ ルターがローマ教皇の方針を批判し，聖書に基づく信仰を唱えて宗教改革を始めた。

ウ ローマ教皇の呼びかけに応じ，初めて十字軍が編成されエルサレムに派遣された。

(2) 次の文は織田信長の政策について述べた説明文である。　　に適当な語句をおぎない，説明文を完成させなさい。〈山口・改〉

〔　　　　　　　　　　　　　　　　　　　　　　　　　　　　　　〕

　信長は，関所を廃止して自由な交通を許し，安土城下において楽市・楽座令を出した。その目的は，　　　　　　　　ためであった。

(3) 16世紀後半，豊臣秀吉はものさしの長さやますの大きさを統一して検地を行い，全国の土地が石高という統一的な基準で表されるようになった。豊臣秀吉が行った検地は何とよばれているか，書きなさい。〈大阪〉　〔　　　　　　　　〕

(4) 資料Ⅰは，大名が江戸幕府の許可なく城を修理したり，結婚したりすることを禁止した法令の一部を要約したものである。この法令は，大名を統制するために，将軍の代替わりごとに出された。この法令は何とよばれるか，そのよび名を書きなさい。〈香川〉

資料Ⅰ

> 一　諸国の城は，修理する場合であっても，必ず幕府にもうし出ること。まして新しい城をつくることは厳しく禁止する。
> 一　幕府の許可なしに，婚姻を結んではならない。

〔　　　　　　　　　　〕

(5) 江戸幕府の政治の改革に取り組んだ田沼意次と水野忠邦は，「株仲間」について，それぞれどのような政策を行ったか，ねらいもふくめて簡単に説明しなさい。〈和歌山〉

〔　　　　　　　　　　　　　　　　　　　　　　　　　　　　　　　　　　　　〕

(6) 江戸時代の産業の発達に関し，資料Ⅱに見られるような，働く人々を作業場に集め，分業によって製品を生産するしくみを何というか，書きなさい。〈和歌山〉

資料Ⅱ

〔　　　　　　　　〕

(7) 資料Ⅲの①〜③には，次の**ア**〜**ウ**のいずれかがあてはまる。①〜③にあてはまるものを，次の**ア**〜**ウ**からそれぞれ選びなさい。〈北海道〉

資料Ⅲ　**江戸時代の人物とその人物の作品の名**

人物の名	十返舎一九	滝沢馬琴	葛飾北斎
作品の名	（　①　）	（　②　）	（　③　）

①〔　　　　〕　②〔　　　　〕　③〔　　　　〕

ア『東海道中膝栗毛』　**イ**『富嶽三十六景』　**ウ**『南総里見八犬伝』

21

6日目 近代〜第一次世界大戦

6日目 近代〜第一次世界大戦

整理しよう

解答 ➡ 別冊 p.10

時代	西暦	できごと
江戸	1854年	▶ アメリカと ① ＿＿＿ 条約が結ばれる（にちべいしゅうこうつうしょう）
	1858年	▶ アメリカと日米修好通商条約が結ばれる
	1866年	▶ 薩摩藩と長州藩が ② ＿＿＿ を結ぶ
	1867年	▶ 徳川慶喜が政権を朝廷に返す（ ③ ＿＿＿ ）
	1868年	▶ 明治天皇が ④ ＿＿＿ を発表する
明治	1869年	▶ 版籍奉還が行われる
	1871年	▶ ⑤ ＿＿＿ が行われる→中央集権国家の実現
		▶ 岩倉使節団が出発する
	1872年	▶ ⑥ ＿＿＿ が公布され，教育制度が整えられる
	1873年	▶ 徴兵令が出される
		▶ ⑦ ＿＿＿ が実施される（地価を税の基準とする）
	1874年	▶ 板垣退助らが民撰議院設立の建白書を提出する
	1877年	▶ 士族が ⑧ ＿＿＿ を立てて鹿児島で西南戦争を起こす
	1881年	▶ 国会開設の勅諭が出される
	1885年	▶ 内閣制度が創設され，⑨ ＿＿＿ が初代内閣総理大臣となる
	1889年	▶ 天皇が国民にあたえる形で大日本帝国憲法が発布される
	1894年	▶ 朝鮮で甲午農民戦争→ ⑩ ＿＿＿ 戦争が起こる→翌年下関条約
	1902年	▶ ⑪ ＿＿＿ 同盟が結ばれる
	1904年	▶ 日露戦争が起こる→翌年ポーツマス条約
	1910年	▶ 日本が ⑫ ＿＿＿ を併合する
大正	1914年	▶ 第一次世界大戦が始まる
		このころ民主主義を求める ⑬ ＿＿＿ の風潮が高まる
	1918年	▶ ⑭ ＿＿＿ 首相が本格的な政党内閣をつくる
	1925年	▶ 治安維持法と ⑮ ＿＿＿ 法が成立する

▶ 世界の動き

南北戦争
（アメリカ）

ドイツ帝国の成立

ロシア革命

国際連盟

1 欧米の近代化，日本の開国

(1) 17世紀末の名誉革命で議会政治が確立した ① ＿＿＿＿＿＿＿ では，18世紀に世界に先がけて ② ＿＿＿＿＿ 革命が起こった。

(2) 1858年の ＿＿＿＿＿＿＿ 条約で，日本は5港を開港した。

(3) 天皇を尊び，外国人を追いはらう考えを ＿＿＿＿＿ という。

(4) 大政奉還が行われると，倒幕をめざす勢力は ＿＿＿＿＿ の大号令を出して，天皇中心の政治にもどすことを宣言した。

2 明治維新と戦争

(1) 元の百姓や町人は ① ＿＿＿＿＿ とよぶこととされた。1873年には，② ＿＿＿＿＿ が出され，満20歳になった①と士族の男子には兵役が義務化された。

(2) 都市を中心に広まった，欧米の文化や生活様式を取り入れる動きを ＿＿＿＿＿ という。

(3) 江華島事件の翌年，日本は ＿＿＿＿＿＿ を結び，朝鮮を開国させた。

(4) 士族などが ＿＿＿＿＿ として北海道へ移住し，開拓を進めた。

(5) 板垣退助らは1874年に ① ＿＿＿＿＿＿ の建白書を提出し，国会の開設を要求する ② ＿＿＿＿＿ 運動を始めた。

(6) 1889年，天皇が主権をもつ ＿＿＿＿＿ 憲法が発布された。

(7) 三国干渉により，日本は ＿＿＿＿＿ を清へ返還した。

(8) ロシアの南下に対抗して，日本は1902年に ＿＿＿＿＿ と同盟を結んだ。

(9) ＿＿＿＿＿ は足尾銅山鉱毒事件の被害者の救済を訴えた。

(10) 第一次世界大戦が終結した翌年，パリで行われた講和会議で ＿＿＿＿＿ 条約が結ばれた。

3 大正デモクラシー

(1) 1912年，政党による政治をめざす ＿＿＿＿＿ 運動が起こった。

(2) 1918年，米の安売りを求める ＿＿＿＿＿ が，富山県から全国に広まった。

(3) 第一次世界大戦の講和会議は，1919年に ＿＿＿＿＿ で開かれた。

(4) インドでは ＿＿＿＿＿ が非暴力・不服従運動を指導した。

(5) 部落差別問題の解決のため ＿＿＿＿＿ が結成された。

1

参考 **江戸時代末の開港地**

- 日米和親条約の開港地
- 日米修好通商条約の開港地

函館／新潟／神奈川（横浜）／兵庫（神戸）／下田／長崎

2

確認 **明治政府の改革**

- 学制（教育制度）
- 徴兵令（軍隊の制度）
- 地租改正（税制）
↓
いずれも反対一揆が発生

参考 **日清戦争と日露戦争で結んだ条約**

下関条約（日清戦争）
- 清は朝鮮の独立を認める。
- 遼東半島，台湾などを日本にゆずる。
- 清は巨額の賠償金を支払う。

ポーツマス条約（日露戦争）
- 韓国における日本の優越権を認める。
- 樺太の南半分を日本にゆずる。
- 旅順，大連，満州の鉄道の一部を日本のものとする。

3

確認 **大正時代の社会運動**

労働者…労働争議，日本労働総同盟
小作人…小作争議，日本農民組合
女性…青鞜社，新婦人協会（平塚らいてう）
被差別部落…全国水平社
アイヌ民族…北海道アイヌ協会

定着させよう

解答 ➡ 別冊 p.11

1 右の年表を見て，次の問いに答えなさい。 [(2)12点，他5点×2]

(1) 年表中の A にあてはまる適当な
人名を書きなさい。〈鹿児島〉

〔　　　　　　　　　　　　〕

年	できごと
1853	アメリカの使節 A が浦賀に来航する
1858	日米修好通商条約が結ばれる……………B
1868	鳥羽・伏見の戦いが起こる……………C

(2) 年表中のBの条約は不平等条約である
といわれているが，日本にとってどのように不利な内容だったか，裁判と貿易に着目し
て書きなさい。〈和歌山〉

〔　　〕

(3) 年表中のCから始まり，翌年に旧幕府軍が新政府軍に敗北して終わるまでの戦争は，一
般に何とよばれているか，その名称を書きなさい。〈愛媛〉　〔　　　　　　　　　　　〕

2 次の問いに答えなさい。 [(2)11点，他5点×4]

(1) 欧米諸国と日本の近代化を比較した右
のノートの あ ・ い にあては
まる語句を，次のア〜エから1つずつ
選びなさい。〈長野〉

あ〔　　　　〕い〔　　　　〕

ア 政府 イ 国王
ウ 貴族 エ 市民

> ノート 欧米諸国の近代化は， あ 革命や
> 産業革命のように あ が中心となって進
> められた。一方，日本では，欧米諸国に対抗
> するために，学制，兵制，A税制の3つの改
> 革と，官営模範工場のように い 主導に
> よる殖産興業がはかられた。このように，日
> 本は， い からの働きかけで近代化が進
> んでいった。

(2) ノートの下線部Aについて，地租改正に対しては不満をもつ人々も多く，地租改正に反
対する一揆が各地で起こった。そのため，明治政府は1877年に地租の税率を改めた。
明治政府が地租の税率を改めた内容について，「地価」の語を用いて書きなさい。〈大阪〉

〔　　〕

(3) 明治政府に不満をもつ士族が，西郷隆盛を中心として起こした反乱を何というか，書き
なさい。〈和歌山〉　〔　　　　　　　　　　　〕

(4) 次のア〜エを年代の古い順に並べなさい。〈栃木〉　〔　　→　　→　　→　　〕

ア 内閣制度がつくられる。 イ 民撰議院設立の建白書が提出される。
ウ 立憲改進党が結成される。 エ 初めての衆議院議員選挙が行われる。

3 右の表を見て，次の問いに答えなさい。 [5点×4]

(1) 表中の下線部aが始まった年に結ばれた日英通商航海条約について，この条約を結んだときの日本の外務大臣とその主な内容の組み合わせとして，正しいものを選びなさい。〈鹿児島〉 〔　　　〕

下関条約	a日清戦争の講和条約。清は，朝鮮の独立，日本への遼東半島・台湾などの譲渡，賠償金2億両の支払いを認めた。
□C□ 条約	b日露戦争の講和条約。ロシアは韓国における日本の優越権を認め，日本に領土の一部を割譲し，新たな国境線を定めた。

ア　小村寿太郎，領事裁判権の撤廃　　　イ　小村寿太郎，関税自主権の完全回復

ウ　陸奥宗光，領事裁判権の撤廃　　　エ　陸奥宗光，関税自主権の完全回復

(2) 表中の下関条約が結ばれた直後，ロシア，ドイツ，フランスの三国は，日本がこの条約で得たある地域を清に返すように勧告してきた。この地域は，右の地図中にA〜Dで示した地域のうちのどれか。1つ選びなさい。〈香川・改〉 〔　　　〕

(3) 表中の下線部bに対して反戦を唱えた人物を，次のア〜エから1つ選びなさい。〈福島〉 〔　　　〕
ア　桂太郎　　イ　樋口一葉　　ウ　内村鑑三　　エ　木戸孝允

(4) 表中の □C□ にあてはまる条約名を書きなさい。 〔　　　　　　　　〕

4 次の問いに答えなさい。 [(3)12点，他5点×3]

(1) 右の文中の □A□ にあてはまる語句を答えなさい。〈福井〉 〔　　　　　〕

> 第一次世界大戦は，世界中をまきこんで4年あまり続いた。大戦中に，日本は中国に対して □A□ を出し，その要求の大部分を認めさせた。その後，B日本は中国のドイツ権益を継承した。

(2) 右の文中の下線部Bについて，これと特に関係の深いできごとを，次のア〜エから2つ選びなさい。〈福井〉
〔　　　〕〔　　　〕

ア　五・四運動　　　　　　　　イ　三・一独立運動
ウ　サンフランシスコ講和会議　　エ　パリ講和会議

(3) 右の文は，米騒動が起こった経済的背景について述べたものである。これらのほかに，どのような経済的背景があったか。「シベリア出兵」と「米価」の2語を用いて，書きなさい。〈新潟〉

> ・第一次世界大戦で好景気が続き，労働者の賃金は上がったが，物価も上昇した。
> ・都市が発展して食料の消費人口が増えたため，米が不足した。

〔　　　　　　　　　　　　　　　　　　　　　　　　　　　〕

第二次世界大戦〜現代

整理しよう

解答 ➡ 別冊 p.12

時代	西暦	できごと
昭和	1929年	▶ アメリカの株価暴落をきっかけに世界恐慌が始まる　▶…世界の動き
	1931年	▶ 日本の軍隊が満州で鉄道を爆破し、① ＿＿＿ が起こる
	1932年	▶ ② ＿＿＿ 事件で犬養毅首相が暗殺される
	1933年	▶ アメリカのローズベルト大統領が ③ ＿＿＿ 政策を始める
	1936年	▶ 陸軍部隊が東京の中心部を占拠する（二・二六事件）
	1937年	▶ 盧溝橋事件をきっかけに ④ ＿＿＿ が始まる
	1938年	▶ 産業や経済を戦争へ動員するため ⑤ ＿＿＿ が制定される
	1939年	▶ ドイツのポーランド侵攻をきっかけに第二次世界大戦が始まる
	1941年	▶ 日本軍がアメリカ軍基地などを攻撃し、⑥ ＿＿＿ が始まる
	1943年	▶ 枢軸国のうち ⑦ ＿＿＿ が連合国に降伏する
	1945年	▶ 日本がポツダム宣言を受け入れて連合国に降伏する
	1946年	▶ 日本国憲法が公布される
	1950年	▶ 韓国と北朝鮮の間で ⑧ ＿＿＿ が起こる
	1951年	▶ 日本が ⑨ ＿＿＿ 条約と日米安全保障条約に調印する
	1955年	▶ インドネシアのバンドンで ⑩ ＿＿＿ が開かれる
	1956年	▶ ソ連との国交を回復した日本が、⑪ ＿＿＿ 加盟を果たす
	1960年	▶ 日米安全保障条約が改定される際に、安保闘争が起こる
	1965年	▶ 韓国との間で ⑫ ＿＿＿ を結んで国交を正常化する
	1972年	▶ ⑬ ＿＿＿ がアメリカから返還される
		▶ 日中共同声明を発表して中国との国交を正常化する
	1973年	▶ 第四次中東戦争をきっかけに ⑭ ＿＿＿ が起こる
平成	1992年	▶ 国際平和協力法が成立し、自衛隊がPKOに参加するようになる
	2011年	▶ ⑮ ＿＿＿ 大震災が起こる
令和	2020年	▶ 新型コロナウイルス感染症が世界に拡大する

1 世界恐慌と各国の動き

(1) 世界恐慌に対して，イギリスやフランスは＿＿＿＿＿＿＿政策をとり，植民地との関係を強めた。

(2) 社会主義国の＿＿＿＿＿は，五か年計画を進めていた。

(3) ドイツやイタリアでは，＿＿＿＿＿＿＿という軍国主義的な独裁政治が行われた。

(4) 日本は 1932 年，中国東北部に ①＿＿＿＿＿＿＿を建国したが，これを承認されなかったため，翌年 ②＿＿＿＿＿＿＿を脱退した。

2 第二次世界大戦と太平洋戦争

(1) ソ連と＿＿＿＿＿＿＿を結んだドイツは，1939 年にポーランドに侵攻した。

(2) 日本は 1940 年に＿＿＿＿＿＿＿＿を結んで，枢軸国の一員となった。

(3) 戦争中には，中学生や女学生も工場で働かせる＿＿＿＿＿が行われた。

(4) 1944 年，サイパン島がアメリカに占領されると，日本本土への＿＿＿＿＿がはげしくなった。

(5) 1945 年，アメリカ軍は広島と長崎に＿＿＿＿＿を投下した。

3 戦後・現代の世界

(1) 敗戦後の日本では，産業や経済を独占してきた＿＿＿＿＿が解体された。

(2) 資本主義諸国と社会主義諸国の間で，＿＿＿＿＿＿＿とよばれる対立が続いた。

(3) 1949 年，中国共産党が＿＿＿＿＿＿＿を建国した。

(4) 1951 年，アメリカとの間で＿＿＿＿＿＿＿が結ばれ，アメリカ軍が日本に駐留することとなった。

(5) 1956 年にソ連との国交が回復したが，＿＿＿＿＿（国後島・択捉島・歯舞群島・色丹島）の返還は実現しなかった。

(6) インドシナ半島での＿＿＿＿＿＿＿戦争は，1965 年のアメリカ軍の空爆により激化した。

(7) 1950 年代後半から，日本では＿＿＿＿＿＿＿とよばれる経済の急成長が始まった。

1・2

注意 戦争のきっかけ

満州事変…柳条湖事件
日中戦争…盧溝橋事件
太平洋戦争
…ハワイ真珠湾攻撃，
マレー半島上陸

注意 中国の指導者

袁世凱
…中華民国の大総統
孫文
…中華民国の臨時大総統
→中国国民党の指導者
蒋介石
…中国国民党の指導者
毛沢東
…中国共産党の指導者

確認 太平洋戦争のときの国際関係

枢軸国…日独伊三国同盟
連合国…ABCD包囲網
独ソ不可侵条約
…ドイツが破棄
日ソ中立条約…ソ連が破棄

3

参考 農地改革の成果

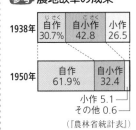

（『農林省統計表』）

確認 冷たい戦争の構造

資本主義諸国…アメリカ中心。北大西洋条約機構
社会主義諸国…ソ連中心。ワルシャワ条約機構

参考 経済の危機

石油危機（1973年）
バブル経済の崩壊（1991年）
世界金融危機（2008年）

1 日目
2 日目
3 日目
4 日目
5 日目
6 日目
7 日目
8 日目
9 日目
10 日目

7日目 第二次世界大戦〜現代

定着させよう

解答 ➡ 別冊 p.13

1 右の年表を見て，次の問いに答えなさい。

年	できごと
1929	世界恐慌が始まる……………A
1933	日本が国際連盟から脱退する…B
1939	第二次世界大戦が始まる………C
↓	
1945	太平洋戦争が終わる…………D

(1) 年表中の**A**に対するアメリカ政府の対策として行われた，景気回復のための政策を何というか，書きなさい。また，その対策では公共事業を積極的に導入したが，それはなぜか，理由を書きなさい。〈茨城〉

政策〔　　　　　　　　　　〕

理由

〔　　　　　　　　　　　　　　　　　　　　　　　　〕

(2) 次の**ア〜エ**のうち，年表中の**B**より前に起こった日本に関するできごとを述べている文を1つ選びなさい。〈石川〉　　　　　　　　　　〔　　　　〕

ア 満州事変が起こった。　　**イ** 二・二六事件が起こった。
ウ 国家総動員法が制定された。　　**エ** 日独伊三国同盟が結ばれた。

(3) 右の地図は年表中の**C**が始まる前年のヨーロッパの国々を表したものである。日本が結んだ三国同盟の相手国の組み合わせとして正しいものを，次の**ア〜カ**から1つ選びなさい。〈大分〉　　　　　　〔　　　　〕

ア AとB　**イ** AとC　**ウ** AとD
エ BとC　**オ** BとD　**カ** CとD

(4) (3)の同盟が結ばれた年に，日本では，ほとんどの政党や政治団体が解散して，□□□□が結成された。□□□□にあてはまる言葉として適当なものを，次の**ア〜エ**から1つ選びなさい。〈愛媛・改〉　　　　　　　　　　　　　　〔　　　　〕

ア 立憲政友会　　**イ** 大政翼賛会　　**ウ** 立憲改進党　　**エ** 自由党

(5) 年表中の↓の時期について，次の文中の□□□□にあてはまる語句を書きなさい。〈福井〉

〔　　　　　　　　　　〕

　　1944年にサイパン島がアメリカ軍によって占領されたことで，ここを基地として日本本土への空襲が激しくなった。これにより，都市部の小学生は空襲をさけるため，学校ごとに地方の農村などへ□□□□といわれる避難を行った。

(6) 年表中の**D**について，日本は8月に無条件降伏をうながす共同声明を受け入れて，終戦した。この宣言を何というか，書きなさい。〈沖縄〉　　　　〔　　　　　　　〕

2 右の年表を見て，次の問いに答えなさい。

[⑴10点，他7点×6]

(1) 年表中の**A**について，右下の資料は1930
年と1950年の福井県における自作農家，
小作農家，自小作農家の戸数を表したもの
である。1930年と1950年を比較して読み
取れる変化を，その変化の原因となった政
策名を必ず入れて書きなさい。〈福井〉

$$\left[\right]$$

年	できごと
1945	民主化に向けた改革が行われる…A ↓あ
1952	日本が独立を回復する…………B ↓い
1956	日本が国際連合に加盟する………C ↓う
1973	石油危機が起こる ↓え
1990	東西ドイツが統一される…………D ↓お
2003	イラク戦争が起こる

(2) 年表中の**B**の前年に，日本がアメリカなど
48か国と結んだ条約を何というか，書き
なさい。〈青森〉〔　　　　　　　　〕

(3) 次の文は，年表中の**C**のできごとについて述べた
ものである。文中の □□□ にあてはまる国名を
書きなさい。〈愛媛・改〉　〔　　　　　　　〕

資料

	1930年	1950年
自作農家	26,630戸	40,125戸
小作農家	16,514	3,348
自小作農家	28,170	28,175

（『福井県史 資料編』）

　　日本と □□□ が共同宣言を出し国交を回復し
た結果，日本の国際連合への加盟が実現した。

(4) 年表中の**う**の時期に，日本経済は急速に成長した。この期間を何というか書きなさい。〈沖縄〉

〔　　　　　　　　　　〕

(5) 次の文は，年表中の**D**に関係する国際情勢を説明したものである。□□□ にあてはま
る語句を書きなさい。〈栃木〉　　　　　　　　　　　　　　　　〔　　　　　　　　〕

　　1980年代後半，東ヨーロッパ諸国で民主化の動きが高まると，1989年，東西冷戦の
象徴であった □□□ がこわされ，翌年には，東西ドイツの統一が実現した。

(6) 右の写真は，アジアで初めてとなる東京オリンピッ
クの開会式における，聖火の点火のようすを示した
ものである。この東京オリンピックが開催された時
期として，正しいものを，年表中の**あ〜お**から1つ
選びなさい。〈新潟〉　　　　　〔　　　　〕

(7) 次の**ア〜エ**は，年表中の期間に起こったできごとである。起こった順に**ア〜エ**を並べな
さい。〈徳島・改〉　　　　　　　　　　　〔　　→　　　→　　　→　　　〕

ア 冷たい戦争が終結する。　　**イ** ヨーロッパ連合(EU)が発足する。

ウ 中華人民共和国が成立する。

エ インドネシアで第1回アジア・アフリカ会議が開かれる。

1日目

2日目

3日目

4日目

5日目

6日目

7日目

8日目

9日目

10日目

8日目 政治

整理しよう

解答 ➡ 別冊 p.14

現代社会の見方

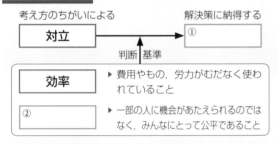

考え方のちがいによる　　　　解決策に納得する

| 対立 | → | ① |

判断　基準

| 効率 | ▶ 費用やもの，労力がむだなく使われていること |
| ② | ▶ 一部の人に機会があたえられるのではなく，みんなにとって公平であること |

人権思想の歴史

人権思想のおこり

イギリスで1215年に**マグナ・カルタ**，1689年に**権利(の)章典**が発せられる

自由権・平等権の確立

1776年の**アメリカ独立宣言**と，1789年の ③ _____ 宣言

日本の憲法（明治）

1889年の**大日本帝国憲法**…④ _____ が主権をもつ

社会権の確立

1919年の ⑤ _____ **憲法**

日本の憲法（昭和）

1946年の**日本国憲法**

三大原理
▶ ⑥ _____ …主権は国民にある
▶ **基本的人権の尊重**
▶ ⑦ _____ …戦争を放棄する

選挙制度

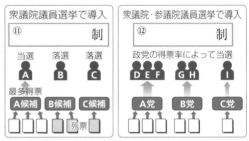

衆議院議員選挙で導入	衆議院・参議院議員選挙で導入
⑪ 　　　制	⑫ 　　　制
	政党の得票率によって当選

当選　落選　落選
Ａ　Ｂ　Ｃ

最多得票
A候補　B候補　C候補
□□□　□□　死票□

Ｄ Ｅ Ｆ　Ｇ Ｈ　Ｉ
A党　B党　C党
□□□　□□　□

三権分立

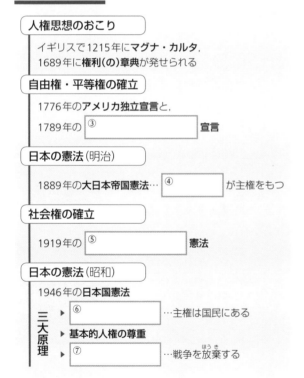

立法権
国会

● 内閣総理大臣の指名
● 内閣の不信任決議
● 衆議院の解散
● 国会の召集

請願
選挙

⑬ _____ の審査

主権者
国民

● 裁判官の弾劾裁判

世論　　国民審査

● 命令・規則・処分の違憲審査
● 行政訴訟の裁判

行政権
内閣

⑮ _____

裁判所

● ⑭ _____ 裁判所長官の指名
● その他の裁判官の任命

地方自治

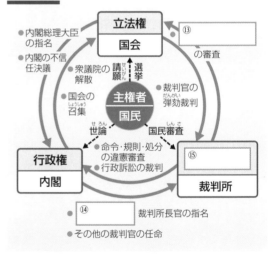

▶ **住民の権利**…選挙権，被選挙権，議会の解散などを求める ⑯ _____ ，住民投票権

▶ **地方財政**…地方交付税交付金，国庫支出金による国からの補助

基本的人権

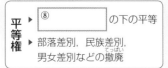

平等権
▶ ⑧ _____ の下の平等
▶ 部落差別，民族差別，男女差別などの撤廃

自由権
▶ 精神（精神活動）の自由
▶ （生命・）身体の自由
▶ ⑨ _____ の自由

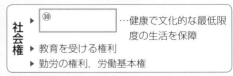

社会権
▶ ⑩ _____ …健康で文化的な最低限度の生活を保障
▶ 教育を受ける権利
▶ 勤労の権利，労働基本権

1 現代社会の特色

(1) 各国が競争力のある産業に力を入れ，競争力のないものは輸入する _____ によって，世界の国々は相互に支え合っている。

(2) 情報の役割が大きくなることを _____ という。

(3) 文化の代表的な領域のうち，人間の感性を表現して他者に伝える創作活動を _____ という。

2 人権思想と日本国憲法

(1) 国の権力が民主的に定められた法によって制限されるという原則を，_____ という。

(2) 日本国憲法は国の ① _____ であり，その改正には衆議院と参議院の総議員の ② _____ 以上の賛成による発議と，③ _____ での過半数の賛成が必要である。

(3) 日本は，核兵器を「もたず，つくらず，もちこませず」という _____ 三原則をかかげている。

(4) 国連で ① _____ 条約が採択されたことを受けて，日本でも1985年に ② _____ 均等法が制定された。

(5) 人権を守るための権利には，選挙で代表を選ぶ ① _____，権利が侵害された場合に ② _____ を受ける権利などがある。

(6) ① _____ の権利の実現のため個人情報保護法が，② _____ 権利の実現のため情報公開法が定められた。

3 国と地方の政治

(1) 一定年齢以上の国民に選挙権を認める原則を ① _____ といい，2016年から年齢は ② _____ 歳以上に引き下げられた。

(2) 国会を構成する2つの議院のうち，予算の議決などについては _____ により強い権限が認められている。

(3) 内閣総理大臣は，_____ の中から国会で指名される。

(4) 弁護士は ① _____ 裁判では弁護人として被告人の弁護を行い，② _____ 裁判では原告や被告の代理として活動する。

(5) 国の政治組織を司法（裁判所），立法（国会），行政（内閣）の3つに分けるしくみを _____ という。

(6) 国が地方の問題にあまりかかわらず，権限を移譲するなど，できるだけ地域住民の判断にゆだねるしくみを _____ という。

1日目
2日目
3日目
4日目
5日目
6日目
7日目
8日目
9日目
10日目

1

参考 人工知能（AI）

人間の知能に似た働きをコンピューターにもたせたもの。

確認 少子高齢化の原因

少子化の原因…未婚率の上昇，晩婚化，育児負担
高齢化の原因…食生活の充実，医療技術の進歩

注意 家族の形態の変化

三世代家族→減少
核家族や単独世帯→増加

2

参考 国際的な人権保障

世界人権宣言（1948年）
国際人権規約（1966年）
女子差別撤廃条約（1979年）
子どもの権利条約（1989年）

注意 立憲主義

• 政治権力を憲法によって制限する。

3

確認 参政権の種類

選挙権，被選挙権，請願権，憲法改正の際の国民投票権，国民審査権，住民投票権，直接請求権

注意 裁判の種類

民事裁判…訴えた側（原告），訴えられた側（被告）
刑事裁判…犯罪の疑いのある者（被疑者）を，検察官が起訴

確認 国から地方への補助

地方交付税交付金…地方公共団体間の収入の格差をなくすため。
国庫支出金…特定事業のため（使い方を限定）。

8日目 **政治**

定着させよう

解答➡別冊 p.15

1 次の問いに答えなさい。

[(1)②10点，他5点×2]

(1) 「日本社会のグローバル化」に関する右の資料を見て，次の問いに答えなさい。〈群馬〉

① 右の資料中の ┃ A ┃ にあてはまる語を書きなさい。　〔　　　　　　　　〕

② 下線部**B**のような社会をめざすために，地域社会ではどのようなくふうが見られるか，右の図を参考にして，1つ書きなさい。

〔　　　　　　　　　　　　　　　　　〕

> 資料 《日本社会のグローバル化》
> ○交通手段や通信手段の発達によって， ┃ A ┃ ・モノ・カネ・情報が容易に国境をこえて移動できるようになった。
> ○B異なる文化をもった人々が共生する社会をめざすことが求められている。

（明治安田こころの健康財団ホームページより）

(2) 次の**ア〜エ**の年中行事を1月から順に並べたときに3番目にあたるのはどれか，選びなさい。〈栃木〉

ア 七夕（たなばた）　**イ** 七五三　**ウ** ひな祭り　**エ** 端午の節句（たんごのせっく）　　〔　　　　〕

2 右の図は，日本国憲法で保障されている基本的人権の構成について示している。これを見て，次の問いに答えなさい。

[5点×5]

(1) 日本国憲法で保障されている次の**a〜c**の権利は，図中に示された権利のうち，どの権利の1つにあてはまるか。それぞれ書きなさい。〈香川・改〉

a 教育を受ける権利　　　　　　〔　　　　　　　〕

b 国に対して要望をする権利　　〔　　　　　　　〕

c どの宗教を信じるかを決定する権利〔　　　　　　　〕

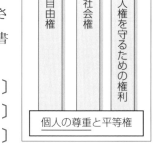

自由権　社会権　人権を守るための権利

個人の尊重と平等権

(2) 次の文は，図中の下線部の個人の尊重と，国民の権利について述べたものである。文中の ┃　　┃ 内にあてはまる適当な語句を，書きなさい。〈香川・改〉　〔　　　　　　　　〕

日本国憲法第13条では，「すべて国民は，個人として尊重される。生命，自由及（およ）び幸福追求に対する国民の権利については， ┃　　┃ に反しない限り，立法その他の国政の上で，最大の尊重を必要とする。」と定められている。

(3) 図中の平等権に関連して，社会のあらゆる活動に男女がともに参加し責任を担う社会の実現をめざして，1999年に制定された法律は何か，書きなさい。〈鹿児島・改〉

〔　　　　　　　　　　　　〕

3 次の問いに答えなさい。

[(5)10点，他5点×6]

(1) 次の文章は，国会で行われる審議(しんぎ)について述べたものである。文中の A ・ B にあてはまる適当な語句を，それぞれ漢字3字で書きなさい。〈千葉〉

A〔　　　　　　　　〕　B〔　　　　　　　　〕

　　国会での審議は，衆議院と参議院に分かれて行われ，各院の議員全員による A と議員が少人数に分かれて所属する B で行われる。国会に提出された議案は，まず，その内容に応じてそれぞれの B で審議され，その結果が A に報告され，採決が行われる。

(2) 内閣の行う仕事を，次のア～カからすべて選びなさい。〈岐阜〉

〔　　　　　　　　　　　　〕

ア　予算を議決する。　　イ　違憲審査(いけんしんさ)を行う。　　ウ　最高裁判所の長官を指名する。
エ　条約を結ぶ。　　オ　条例(じょうれい)を定める。　　カ　国会の召集(しょうしゅう)を決める。

(3) 日本では裁判をより慎重(しんちょう)に行うために，原則として，第一審判決(だいいっしん)に不服であれば上級の裁判所に控訴(こうそ)し，第二審判決(だいにしん)に不服であれば，さらに上告(じょうこく)することができることになっている。このような制度を何というか，書きなさい。〈長崎〉　〔　　　　　　　　〕

(4) 右の資料は，日本の立法権(国会)・行政権(内閣)・司法権(裁判所)の三権分立のしくみを表している。資料中のア～カの矢印のうち，a・bにあたるものをそれぞれ1つずつ選びなさい。〈徳島〉　a〔　　　〕　b〔　　　〕

a　違憲立法審査　　b　衆議院の解散

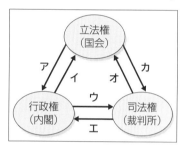

(5) 右の表は，衆議院議員選挙(しょうせんきょく)における2つの小選挙区の有権者数を示したものである。東京都第5区における1票の価値は，長崎県第3区と比較(ひかく)してどのようになっているか，書きなさい。〈新潟〉

〔　　　　　　　　　　　　　　〕

小選挙区の有権者数

選挙区	有権者数(人)
東京都第5区	463,275
長崎県第3区	241,623

(2018年)　　　　　　　(総務省資料)

4 右の文を読んで，次の問いに答えなさい。〈群馬〉

[5点×3]

(1) 文中の A ・ B にあてはまる語句を書きなさい。

A〔　　　　　　　　〕　B〔　　　　　　　　〕

(2) 下線部Cについて，有権者が6,000人の町で，120人の署名を集めると町長に請求(せいきゅう)できる直接請求権の内容を，次のア～エから1つ選びなさい。

〔　　　　　　〕

ア　議員の解職　　イ　議会の解散
ウ　条例の制定　　エ　首長の解職

・地方自治では，その地域の A が，自主的に問題を解決している。

・地方自治では，A が政治に直接参加して学べるという点で，「 B 」とよばれている。

・地方公共団体は，執行機関(しっこう)である首長と議決機関である議会で構成されている。

・C直接請求権が認められている。

1日目
2日目
3日目
4日目
5日目
6日目
7日目
8日目
9日目
10日目

9日目 経済

整理しよう

解答 ➡ 別冊 p.16

経済の循環

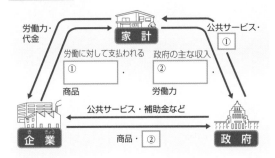

市場と価格

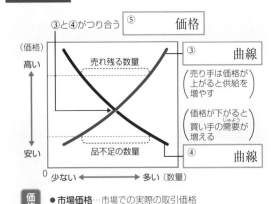

株式会社

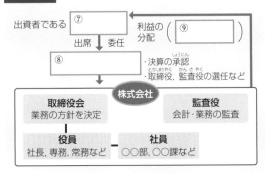

雇用形態

▶ **正社員**…企業と正規の社員としての契約を結んで働く。保険や待遇を法律で保障

▶ **パートタイム労働者**…1週間の労働時間が40時間未満

▶ ⑩〔　　　〕…雇用契約を結んだ派遣元の指示で派遣先で働く

日本銀行

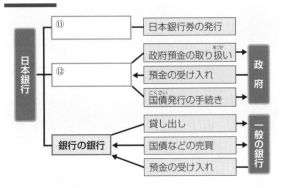

景気の安定化

景気	⑬	⑭
日本銀行 （金融政策）	▶ 銀行から国債などを買う	▶ 銀行へ国債などを売る
政府 （財政政策）	▶ 公共事業を増やす ▶ 減税をする	▶ 公共事業を減らす ▶ 増税をする

社会保障制度

⑮	▶ 医療保険　▶ 介護保険 ▶ 年金保険　▶ 雇用保険　など
公的扶助	▶ 生活保護（生活扶助，住宅扶助，教育扶助など）
⑯	▶ 高齢者福祉　▶ 児童福祉 ▶ 障がい者福祉　など
公衆衛生	▶ 感染症対策　▶ 上下水道整備 ▶ 公害対策　など

1 家計から見た経済

(1) 私たちが消費するもののうち，形のあるものを _____ という。

(2) 所得から税金や社会保険料を引いた残りが，食料費などの
① _____ と，将来にそなえた ② _____ にふり分けられる。

(3) 欠陥(けっかん)商品で消費者が被害(ひがい)を受けたときの企業の責任については，
_____ で定められている。

(4) 商品が私たちの手に届くまでの流れを _____ という。

2 企業から見た経済

(1) 企業の健全な競争を維持(いじ)するため，_____ が定められ
ている。

(2) 国や地方公共団体が経営する企業を _____ という。

(3) 日本では，労働時間を短縮し，仕事と生活を両立できる
_____ の実現が求められている。

(4) 同じ企業で定年まで働く ① _____ や，年齢(ねんれい)とともに賃
金が上昇(じょうしょう)する ② _____ 賃金の制度は，近年変化してきた。

(5) 労働時間・賃金など労働条件の最低基準は，_____ に
定められている。

(6) 企業が株式を発行するなどして，市場から直接資金を調達する
しくみを _____ という。

3 政府から見た経済

(1) 国の歳出(さいしゅつ)をまかなうのに，税収では不足するときは _____
が発行される。

(2) 所得税(しょとくぜい)には，所得の高い人ほど税率が高くなる _____
の制度が取り入れられている。

(3) 国税の間接税のうち最大の税収を占(し)める _____ は，所得
の低い人ほど所得に対する税負担の割合が重くなる。

(4) 物価が上昇し続ける現象を _____ という。

(5) 政府が景気を調節して安定させる政策を _____ という。

(6) 収入が少なくて最低限度の生活を営めない人に，生活費などを
給付する制度を _____ という。

(7) 外国の通貨に対し円の価値が高くなることを _____ という。

1日目
2日目
3日目
4日目
5日目
6日目
7日目
8日目
9日目
10日目

1

注意 家計の所得

給与所得(きゅうよ)…企業などで働い
て得る所得。

事業所得…商店や工場を経
営して得る所得。

財産所得…株式・預金・土
地などの配当(はいとう)・利子(りし)から
得る所得。

確認 貨幣(かへい)の役割

交換(こうかん)…財やサービスを買う
ために使用。

価値尺度(しゃくど)…財やサービスの
価値を測る。

貯蔵…財産をたくわえる。

2

参考 企業の種類

私企業	個人企業	農家，個人商店など
	法人企業	株式会社など
公企業	地方公営企業	水道，ガス，バスなど
	独立行政法人	造幣局，国立印刷局，国際協力機構(ジャイカ)(JICA)など

3

参考 景気変動

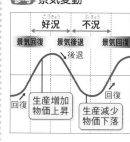

確認 公害の防止

公害対策基本法(1967年)
　→環境(かんきょう)基本法(1993年)
環境庁(1971年)
　→環境省(2001年)
循環型社会形成推進基本法
　(2000年)

9日目 **経済**

定着させよう

解答 ➡ 別冊 p.17

1 右の図を見て，次の問いに答えなさい。

［(5)10点，他5点×6］

(1) 図は，経済活動の結びつきを表したものである。図中の **X** にあてはまる，家族や個人からなる家庭が消費などを通して，経済活動を営む単位を表す語句を書きなさい。〈和歌山〉

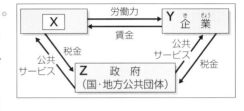

〔　　　　　　　　　　〕

(2) 消費者の保護について，消費者の権利の尊重や企業と行政の責任，消費者を守るための政府の方針などを定めた法律として適切なものを，次の**ア～エ**から１つ選びなさい。〈富山〉

〔　　　　　　〕

ア 消費者契約法　　**イ** 製造物責任法(PL法)　　**ウ** 独占禁止法　　**エ** 消費者基本法

(3) 図中の**Y**について，次の問いに答えなさい。

① 次の文の □□□ に共通してあてはまる語句を書きなさい。〈北海道〉

〔　　　　　　　　　　〕

企業のうち，□□□ を発行することにより，利潤をあげるために必要な多額の資金を，多くの人から集める形態の企業を □□□ 会社という。

② 資料Ⅰは，中小企業と大企業の割合を比較したもので，**A～C**は，事業所数，従業者数，付加価値額のいずれかである。事業所数と付加価値額に適するものを，**A～C**からそれぞれ選びなさい。〈福井〉

資料Ⅰ

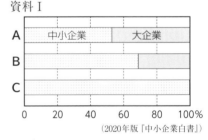

(2020年版『中小企業白書』)

事業所数〔　　　　〕　付加価値額〔　　　　〕

(4) 図中の**Z**には，企業の経済活動における自由な競争を促進し，消費者の利益を確保する目的で制定された独占禁止法の運用を担当する委員会がおかれている。この委員会の名称を書きなさい。〈北海道〉〔　　　　　　　　　　〕

(5) 資料Ⅱは，東京都中央卸売市場におけるみかんの入荷量と価格(1kgあたり)を表したものである。この資料を見て，入荷量が多い時期と少ない時期では価格はどうちがうか，書きなさい。〈福井〉

資料Ⅱ

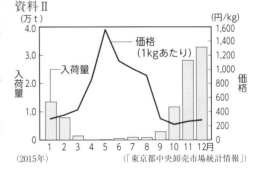

(2015年)　　(「東京都中央卸売市場統計情報」)

〔　　　　　　　　　　　　　　　　　　　　　　〕

2 次の問いに答えなさい。

[(2)③い・(3)各10点，(4)「資料」完答5点，他5点×7]

(1) 資料Ⅰを見て，次の問いに答えなさい。〈福島〉

① 資料Ⅰのように一般の銀行からの貸し出しなど，金融機関を仲立ちとして企業などが資金を調達するしくみを何というか，漢字4字で書きなさい。〔　　　　　　　　〕

② 資料Ⅰ中の**W**にあてはまる語句は何か。漢字4字で書きなさい。〔　　　　　　　　　　　　〕

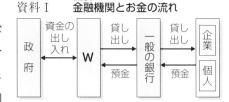

資料Ⅰ　金融機関とお金の流れ

(2) 日本の歳出と歳入について，資料Ⅱを見て次の問いに答えなさい。〈長野〉

① 政府が税金などで収入を得て，国民生活のために必要な支出を行う経済活動を何というか，漢字2字で書きなさい。〔　　　　　　　〕

② 資料Ⅱの**ア〜エ**のうち，直接税に当たるものをすべて書きなさい。〔　　　　　　　〕

資料Ⅱ　令和2年度一般会計予算

歳出(兆円)		歳入(兆円)	
社会保障	35.9	ア　所得税	19.5
地方交付税交付金	15.8	イ　法人税	12.1
公共事業	6.9	ウ　消費税	21.7
文教	5.5	その他の租税収入	10.2
防衛	5.3	エ　公債金	32.6
国債費	23.4	その他収入	6.6
その他	10.0		
計	102.7	計	102.7

(財務省資料)

③ 日本の歳出と歳入に関する右のレポートの **あ**・**い** にあてはまる適当な数字と語句をそれぞれ書きなさい。ただし， **い** は，「公債金」と「国債費」の2語を用いて15字以内で書くこと。あ〔　　　　　　　〕

い〔　　　　　　　　　　　　〕

レポート

日本の歳出は，社会保障と地方交付税交付金，国債費で，歳出全体の **あ** 割以上を占めている。一方，歳入面を見ると，国民が納める税金は必要な予算の5割程度で，3割程度を公債金でまかなっている。 **い** ので，日本の借金は増加していく。

(3) 所得税は累進課税の方法がとられている。累進課税のしくみを，「所得」と「税率」の2語を用いて，簡単に書きなさい。〈群馬〉

〔　　　　　　　　　　　　　　　　　　　　　　　　　　　　　　　　　　　　〕

(4) 出生率が低下し，平均寿命がのびていくことによって，子どもの数が減り，高齢者の数が増えていく現象を何というか，書きなさい。また，このことが社会にあたえる影響の1つを，「国の歳出のうち，医療や年金への支出が増加しているが，徴収される保険料や税収が減少し，それをまかなうことができなくなっていくこと」とまとめて発表するとき，次の**ア〜エ**のうち，提示する資料として適当なものを2つ選びなさい。〈石川〉

現象〔　　　　　　〕　資料〔　　，　　〕

ア 社会保障関係費の推移　　**イ** 年間労働時間の国際比較

ウ 労働人口(労働力人口)の推移　　**エ** 子ども1人あたりの教育費の推移

(5) 労働三権のうち，労働組合が賃金やその他の労働条件について，使用者と対等な立場で話し合う権利を何というか，書きなさい。〈栃木〉　〔　　　　　　　　　〕

10日目　国際社会

整理しよう

解答 ➡ 別冊 p.18

国家の領域

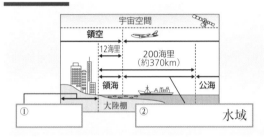

国際連合

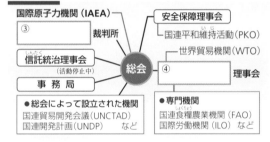

軍縮の歩み

年	主な条約
1963	⑤ _____ 条約が調印（PTBT）
1968	核拡散防止（核不拡散）条約（NPT）が調印
1987	中距離核戦力（INF）全廃条約が調印
1991	戦略兵器削減条約（START）が調印
1996	⑥ _____ 条約が調印（CTBT）
2010	米ロ，新戦略兵器削減条約が調印（新START）
2017	核兵器禁止条約が調印

地域統合（地域主義）

	東南アジア諸国連合	ヨーロッパ連合	米国・メキシコ・カナダ協定（USMCA）
	（⑦　　）	（⑧　　）	
加盟国数	10か国	27か国	3か国
人口	6.7億人	4.3億人	5.0億人
GNI（総額）	2.9兆ドル	15.8兆ドル	23.9兆ドル

（2020年）

地域紛争

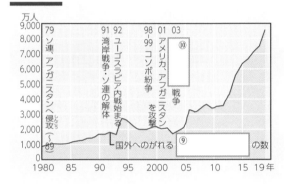

資源・エネルギー問題

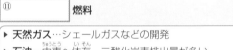

⑪ _____ 燃料

▶ **天然ガス**…シェールガスなどの開発
▶ **石油**…中東へ依存。二酸化炭素排出量が多い
▶ **石炭**…供給が安定。二酸化炭素排出量が多い

⑫ _____ エネルギー

▶ **太陽光**…供給が不安定。費用が高い
▶ **風力**…供給が不安定。風がふく自然条件が必要
▶ **地熱**…日本はめぐまれているエネルギー

地球環境問題

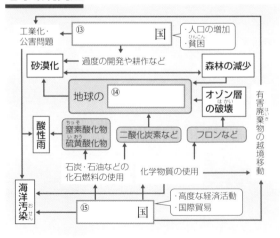

1 　国際政治

(1) 領域と国民，政府をもち，その政府が世界各国から認められている国を ＿＿＿＿＿＿ という。

(2) 日本固有の領土である ① ＿＿＿＿＿ は韓国に，② ＿＿＿＿＿ はロシアに占拠されている。

(3) 国連の ＿＿＿＿ では，すべての加盟国が一票をもつ。

(4) 安全保障理事会は，5か国の ① ＿＿＿＿＿＿ が1国でも反対すれば決定をすることができない。これを ② ＿＿＿＿＿＿ という。

(5) 発展途上国の子どもたちの教育の機会を確保するために，国連の ＿＿＿＿＿＿（国連児童基金）などの機関が活動している。

(6) イスラエルの建国や戦争によって，多くの ＿＿＿＿＿＿ 人が難民となった。

(7) 特定の集団が，武力で一般市民や敵対勢力を無差別に攻撃することを，＿＿＿＿＿＿ という。

2 　世界経済

(1) 発展途上国で生産された農産物や製品を，適正な価格で取り引きすることを ＿＿＿＿＿＿ という。

(2) 先進国の政府は，発展途上国に対して ＿＿＿＿＿ という経済援助を行っている。

(3) 貧困の解消のために，社会的に立場が弱い人々が事業を始めるための資金を貸し出す ＿＿＿＿＿＿ が行われている。

3 　環境問題と持続可能な開発

(1) 南極などの上空では，フロンなどの影響で ＿＿＿＿＿＿ が薄くなった。

(2) 化石燃料を燃焼することで排出された酸化物は，大気中で変化し，雨や雪にとけて ＿＿＿＿＿ となって地上に降り注ぐ。

(3) 1992年にブラジルで開かれた ＿＿＿＿＿＿ では，「持続可能な開発」の原則が打ち出された。

(4) 1997年に開かれた地球温暖化防止京都会議では，二酸化炭素をはじめとする ＿＿＿＿＿＿ ガスの削減目標が定められた。

(5) 2015年の国連サミットで，17の目標から構成される持続可能な開発目標（＿＿＿＿＿＿）が採択された。

注意 国際法

条約…文書により締結される。

慣習法…暗黙のうちに合意される→公海自由の原則，内政不干渉の原則など。

確認 国連の安全保障理事会

常任理事国…アメリカ・イギリス・フランス・ロシア・中国

非常任理事国…10か国

注意 貿易の自由化

FTA（自由貿易協定）
…特定の国や地域の間で，関税などの貿易の障壁を撤廃。

EPA（経済連携協定）
…貿易の自由化に加え，人の移動，投資の自由化などを取り決め。

注意 民間の組織

NGO（非政府組織）
…主に国際的な活動を行う。

NPO（非営利組織）
…主に国内で活動する。

3

参考 国際的な環境対策

京都議定書（1997年）…1990年を基準にした2008年から12年までの温室効果ガスの削減目標。

パリ協定（2015年）…2020年以降の温暖化対策。

参考 人間の安全保障

国家の安全保障だけでは確保できない世界の安全や平和の実現のため，人間一人ひとりの生命と尊厳を大切にすべきだという考え。

10日目 国際社会

定着させよう

解答 ➡ 別冊 p.19

1 次の問いに答えなさい。 [6点×3]

(1) 右の図中の領土をもつ国家の主権がおよぶ範囲は，領土とどこか。次の**ア**～**エ**から1つ選びなさい。〈岐阜〉

〔　　　　　〕

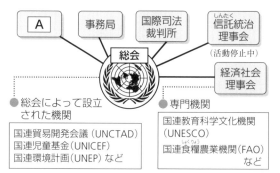

(大気圏内)

ア ⅠとⅡ　　　**イ** ⅠとⅢ
ウ ⅠとⅡとⅢ　　**エ** ⅠとⅡとⅢとⅣ

(2) 核兵器について，1968年に62か国間で調印され，核保有国以外の国々が核兵器をもつことを禁じた条約名を書きなさい。〈福井〉

〔　　　　　　　　　　　　　〕

(3) 戦争や弾圧，差別からのがれるために，となりの国々などへにげた人々を何というか，書きなさい。〈青森〉

〔　　　　　　　　　　　　　〕

2 右の図を見て，次の問いに答えなさい。 [(2)11点，他6点×3]

(1) ［　A　］は世界の平和と安全を維持することを目的とした組織であり，5か国の常任理事国と10か国の非常任理事国とで構成されている。［　A　］に入る組織名を書きなさい。〈佐賀〉

〔　　　　　　　　　〕

A　事務局　国際司法裁判所　信託統治理事会（活動停止中）　総会　経済社会理事会

● 総会によって設立された機関
国連貿易開発会議（UNCTAD）
国連児童基金（UNICEF）
国連環境計画（UNEP）など

● 専門機関
国連教育科学文化機関（UNESCO）
国連食糧農業機関（FAO）など

(2) ［　A　］において，常任理事国だけがもつ「拒否権」について簡単に説明しなさい。ただし，「反対」または「賛成」のいずれかの語句を用いること。〈佐賀〉

〔　　　　　　　　　　　　　　　　　　　　　　　　　　　　　　〕

(3) オランダのハーグにある ［　　　〕 は，国際法にしたがい，国家間の紛争解決をめざす機関である。［　　　〕にあてはまる機関を，図中から選んで書きなさい。〈島根・改〉

〔　　　　　　　　　　　　　〕

(4) 1989年には「第1回国連軍縮会議」が京都で開催された。この年と最も近い年のできごとはどれか。次の**ア**～**エ**から1つ選びなさい。〈京都〉 〔　　　〕

ア 中華人民共和国が成立した。　　**イ** 東西ドイツが統一された。
ウ ロシア革命が起こった。　　　　**エ** 日韓基本条約が結ばれた。

3 右の文を読んで，次の問いに答えなさい。 [6点×4]

(1) 下線部 **a**・**b** について，それぞれの略称として正しいものを，次の**ア**〜**ク**から1つずつ，選びなさい。〈新潟〉 a〔　　　〕 b〔　　　〕

ア IMF　イ ILO　ウ NPO　エ WHO
オ NGO　カ GDP　キ ODA　ク WTO

(2) 　**c**　にあてはまる語句として，適当なものを，次の**ア**〜**エ**から1つ選びなさい。〈新潟〉

〔　　　〕

ア 小さな政府　　イ 人間の安全保障
ウ インフォームド・コンセント　　エ 地域主義

(3) 下線部 **d** について，日本が参加している経済的な地域統合として適当なものはどれか，次の**ア**〜**エ**から1つ選びなさい。〈三重〉

ア EU　イ APEC　ウ USMCA　エ UNICEF

> 日本は，約160もの国や地域に対して，a政府開発援助を行っている。これらの援助はさまざまな分野にわたり，各地で大きな役割を果たしている。また，政府の援助では手の届きにくい分野においては，現地の人々のニーズをつかんで活動しているb非政府組織とも協力しながら，援助を行っている。日本は，これからも，一人ひとりが人間らしく安心して生きる社会をめざす「　c　」を理念にかかげ，d国際社会との結びつきを大切にしていく必要がある。

〔　　　〕

---

4 次の問いに答えなさい。 [(4)11点，他6点×3]

(1) 1997年の気候変動枠組み条約第3回締約国会議で採択された，二酸化炭素などの温室効果ガスの排出削減を先進工業国に義務づけた文書を何というか。書きなさい。〈山口〉

〔　　　〕

(2) 2017年における日本の1人あたりの二酸化炭素排出量は約8.9トンである。2017年における日本の二酸化炭素総排出量を示しているグラフを，右の**A**〜**D**から1つ選びなさい。〈山口〉

〔　　　〕

主な国の二酸化炭素排出量 (2017年)

（億トン）

中国 93.0
合衆国 47.6
アメリカ 21.6
A 15.4
B 11.3
C 7.2
D 6.0
韓国

(2020/21年版『世界国勢図会』)

(3) 私たちは，現在と将来の世代のさまざまなニーズを満たすような社会を形成しなければならない。下線部のような社会を何というか。　　　の中にあてはまる語句を漢字2字で書きなさい。〈沖縄〉

「　　　可能な社会」

〔　　　〕

(4) 次の説明文は，環境に配慮した消費生活のあり方についてまとめたものである。説明文中の　　　にあてはまる文を書きなさい。〈和歌山〉

〔　　　〕

　現代の消費者には，ごみの発生を減らすという「リデュース」の考え方，使ったものを再使用するという「リユース」の考え方，そして，　　　という「リサイクル」の考え方である3Rを心がけた生活が求められている。

1 右の地図を見て，次の問いに答えなさい。〈高知〉　[5点×4]

(1) 地図Ⅱは，地図Ⅰ中の■印で示した東京を中心にして，世界各地への距離と方位が正しく表されている。地図Ⅱから読み取れることについて述べた文として正しいものを，次の**ア**〜**エ**から１つ選びなさい。

地図Ⅰ

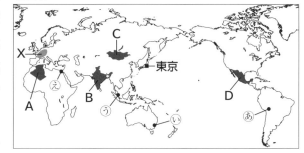

ア リオデジャネイロは東京の南に位置している。

イ 東京からニューヨークへ最短距離で飛行した場合，インド洋の上空を通過する。

ウ ユーラシア大陸と北アメリカ大陸には，いずれも赤道が通っている。

エ アフリカ大陸は，すべて東京から15,000km以内の距離に収まっている。

(2) 右の**ア**〜**エ**のグラフは，それぞれ地図Ⅰ中の●印あ〜えで示したいずれかの都市における，気温と降水量を表したものである。地図Ⅰ中の●印いのグラフを，**ア**〜**エ**から１つ選びなさい。

(3) 地図Ⅰ中の■で示した**X**の地域では，小麦やライ麦といった穀物などの栽培と家畜の飼育を組み合わせた農業が発達した。この農業を何というか，書きなさい。

(4) 次の文は，ある国の特徴について述べたものである。この国を地図Ⅰ中の**A**〜**D**から１つ選びなさい。

この国の2020年時点の人口は世界第2位で，主な宗教はヒンドゥー教である。また，近年では，ソフトウェアの開発などを行う情報技術産業が急速に成長している。

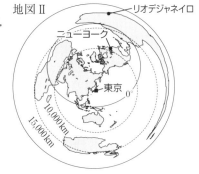

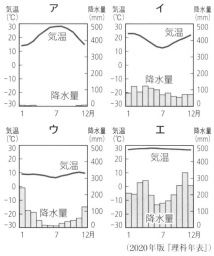

（2020年版『理科年表』）

(1)		(2)		(3)		(4)	

2 右の地図を見て，次の問いに答えなさい。〈福岡・改〉

(1) 日本を7地方（中国・四国を1つの地方とする。）に区分したときの中部地方と近畿地方の境界に接する県のうち，県名と県庁所在地名とが異なる県名を，1つ書きなさい。

(2) 資料Ⅰが示す気候の都市を，地図中の**ア**～**オ**から1つ選びなさい。

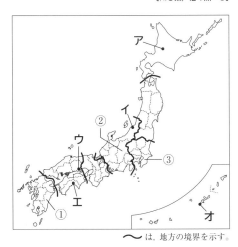

〜は，地方の境界を示す。

(3) 資料Ⅱはきゅうり，資料Ⅲはレタス，資料Ⅳはほうれんそうの，全国各地からの東京都中央卸売市場への月別出荷量を示し，①～③は，地図中の①～③の県を示している。①～③の県の農業の特色についてまとめた，下の文の　**イ**　にあてはまる語句を書き，**ロ**，**ハ**の（　）に適する語句の記号を1つずつ選びなさい。

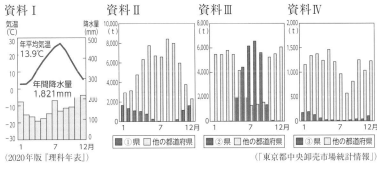

資料Ⅰ 気温(℃) 降水量(mm) 年平均気温 13.9℃ 年間降水量 1,821mm（2020年版『理科年表』）

資料Ⅱ (t) ■①県 □他の都道府県

資料Ⅲ (t) ■②県 □他の都道府県

資料Ⅳ (t) ■③県 □他の都道府県

（「東京都中央卸売市場統計情報」）

資料Ⅱ，Ⅲから，①，②県の農業の特色は，他の都道府県の月別の出荷量が　**イ**　時期をさけていることである。一方，資料Ⅳと地図から，③県の農業の特色は，東京などの**ロ**（**A**－消費地，**B**－生産地）に**ハ**（**C**－遠い，**D**－近い）という利点をいかしていることである。

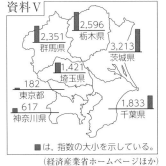

資料Ⅴ 2,596 栃木県 2,351 群馬県 3,213 茨城県 1,421 埼玉県 182 東京都 617 神奈川県 1,833 千葉県

■は，指数の大小を示している。

（経済産業省ホームページほか）

資料Ⅵ 173.0 栃木県 176.0 群馬県 201.5 茨城県 153.6 埼玉県 49.3 東京都 80.5 神奈川県 140.2 千葉県

■は，距離の長短を示している。

（2021年版『データでみる県勢』）

(4) 地図中の関東地方について，資料Ⅴに示す数字は，2018年の各都県の製造品出荷額等を，1965年を100とする指数で表している。また，資料Ⅵに示す数字は，1965年から2018年にかけての各都県の高速道路の延長距離(km)を示している。資料Ⅴ・Ⅵから読み取れることを関連づけて，関東地方における工業生産の変化について，「北関東では，」の書き出しで書きなさい。

(1)		(2)	
(3) **イ**		**ロ**	**ハ**
(4)	北関東では，		

3 右の年表を見て，次の問いに答えなさい。〈福島〉

［(3)②8点，他4点×4］

年	できごと
645	a 中大兄皇子が中臣鎌足らとともに政治改革を始める……………… A
794	b 桓武天皇が平安京に都を移す………
1185	源頼朝が守護と地頭の設置を朝廷より認められる……………… B
1338	足利尊氏が征夷大将軍に任命される… C
1603	徳川家康が征夷大将軍に任命される… D
1716	徳川吉宗が享保の改革を始める……… E
1854	江戸幕府が日米和親条約を結ぶ

(1) 下線部 a について述べた次の文の **X**・**Y** にあてはまる語句の組み合わせとして適当なものを，あとの**ア**〜**エ**の中から1つ選びなさい。

　　7世紀はじめに中国を統一した **X** が朝鮮半島に進出すると，東アジアでは緊張が高まった。このような中で，中大兄皇子は勢いをふるっていた **Y** を倒し，天皇を中心とする中央集権国家をめざし，政治改革を始めた。

ア X－漢　Y－物部氏　　**イ** X－唐　Y－物部氏
ウ X－漢　Y－蘇我氏　　**エ** X－唐　Y－蘇我氏

(2) 下線部 b について述べた文として適当なものを，次の**ア**〜**エ**から1つ選びなさい。

ア 坂上田村麻呂を征夷大将軍に任命し，東北地方に大軍を送って朝廷の支配を広げた。
イ 新たに開墾した土地を永久に私有することを認める墾田永年私財法を定めた。
ウ 戸籍に登録された6歳以上の男女に口分田をあたえる制度として，班田収授法を定めた。
エ 仏教の力で国家を守ろうと考え，国ごとに国分寺と国分尼寺を建てた。

(3) 右の資料は，奈良市の郊外にある岩にほられた碑文とその内容を書き出したものである。次の問いに答えなさい。

① この碑文は，正長元年に起きた土一揆と深く関わりをもっている。この土一揆が起こった期間として正しいものを，年表中の**A**〜**D**から1つ選びなさい。

資料

正長元年ヨリ
サキ者カンヘ
四カンカウニ
ヲ（負い目）
ヲキメアルヘ
カラス

正長元年ヨリサキ者
カンヘ（神戸）四カンカウニ（郷）
ヲキメ（負い目）アルヘカラス

② この碑文で宣言されている内容について述べた次の文の **Z** にあてはまることばを，ヲキメ（負い目）とは何かを明らかにして，書きなさい。
　　神戸四か郷では，正長元年以前の **Z** ことを宣言している。

(4) **E** の期間のできごととして適当なものを，次の**ア**〜**エ**から1つ選びなさい。

ア 運慶らは，東大寺南大門の金剛力士像をつくった。
イ 狩野永徳は，『唐獅子図屏風』などの屏風絵やふすま絵をえがいた。
ウ 井原西鶴は，武士や町人の生活をもとにした小説をあらわした。
エ 奥州藤原氏は，平泉に中尊寺金色堂を建てた。

(1)		(2)		(3)	①	

(3)	②			(4)	

4 右の3つの文を読んで，次の問いに答えなさい。　　　　　[⑤8点，他4点×5]

(1) 下線部**a**に関して，次の問いに答えなさい。

① 次の**ア**～**ウ**のことがらを，年代の古い順に並べなさい。〈岐阜〉

ア ワイマール憲法の制定

イ フランス人権宣言の発表

ウ 世界人権宣言の採択

② 日本国憲法は出版物や放送などを国が事前に審査したり，発表を差し止めたりする検閲を禁じている。このことによって直接保障される基本的人権はどれか，次の**ア**～**エ**から1つ選びなさい。〈栃木〉

ア 環境権　　**イ** 居住・移転の自由

ウ 生存権　　**エ** 表現の自由

> 日本国憲法：日本国憲法は，平等権，自由権，社会権などの**a**基本的人権を保障している。また，社会の変化にともない，憲法を根拠に**b**新しい人権も認められるようになった。

> 三権分立：国の立法権，行政権，司法権の3つの権力をそれぞれ別の機関に担当させ，互いに**c**抑制と均衡をはかることで権力の集中を防ぎ，国民の人権を守っている。

> 裁判における人権保障：裁判は国民の人権を守るために重要であり，慎重に審理が行われる。刑事裁判においては，**d**被告人の権利も保障されている。

(2) 下線部**b**に関して，次の文中の ☐☐☐ にあてはまる語は〔　〕のうちどれか，書きなさい。〈栃木・改〉

　患者が医師から十分に説明を受けた上で，治療方法に同意することを ☐☐☐ という。これは，新しい人権の1つである自己決定権を尊重する上で重要である。

〔プライバシー　　インフォームド・コンセント　　マニフェスト　　ストライキ〕

(3) 右の図は，下線部**c**の関係を示している。法律が日本国憲法に違反していないか判断する権限を表しているのは**ア**～**エ**のうちどれか，1つ選びなさい。〈栃木〉

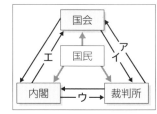

(4) 下線部**d**に関して，公正な裁判を保障するために，刑事被告人には，資格を持つ ☐☐☐ を依頼する権利が認められている。☐☐☐ にあてはまる語句を書きなさい。〈栃木〉

(5) 新聞やテレビなどのマスメディアは，世論調査を実施してその結果を報じるなど，世論と政治を結ぶ重要な役割を果たしている。しかし，マスメディアが常に正確な情報を伝えているとは限らない。国民は，マスメディアから情報を得る際にどのようなことに気をつける必要があるか。簡単に書きなさい。〈香川〉

(1)	①	→　　→	②		(2)	
(3)			(4)			
(5)						

45

1 次の問いに答えなさい。〈大阪〉　　　　　　　　　　　　　　　　　　　　[5点×6]

(1) 室町時代に日本で起こったできごととして正しいものはどれか。次の**ア** 図Ⅰ
　　〜**エ**から1つ選びなさい。

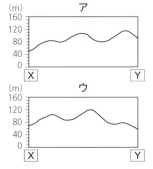

　　ア 承久の乱が起こった。　　　**イ** 勘合貿易が始められた。
　　ウ 御成敗式目が定められた。　**エ** 六波羅探題が設置された。

(2) 図Ⅰ中の**X**と**Y**とを結ぶ線が通る地点の標高を断面図で表したものを，
　　下の図**ア**〜**エ**から1つ選びなさい。ただし，断面図は，水平距離に対し
　　て垂直距離は約2倍で表している。

(3) 徳川慶喜は，1866年に二条城で将軍に任じられ，その翌年には将軍を
　　辞して二条城を退去した。次の**ア**〜**エ**のうち，徳川慶喜が行ったことは
　　どれか。1つ選びなさい。

　　ア 大政奉還　　**イ** 廃藩置県　　**ウ** 版籍奉還　　**エ** 王政復古の大号令

(4) 図Ⅱ中の □ で囲まれた範囲の周
　　囲の長さは，2万5千分の1の地形
　　図上で約7.8cmである。実際の距
　　離はおよそどれくらいか。次の**ア**〜
　　エから1つ選びなさい。

ア 1,950m	**イ** 3,120m
ウ 19,500m	**エ** 31,200m

断面図ア〜エ（縦軸:(m) 0〜160, 横軸: X〜Y）

(5) 京都市の景観を守る取り組みについて，問いに答えなさい。　　　図Ⅱ

　① 京都市では，市内の美しい景観を守るために独自のきまり
　　が制定されている。国の法律にあたるもので，地方議会の議
　　決を経て制定され，その地方公共団体だけに適用されるきま
　　りは何とよばれているか。

　② 地域の政治は，地方公共団体によって行われる。地方公共団体の住民の直接請求権
　　にかかわることについて述べた次の文中の □ にあてはまる語句を書きなさい。
　　　地方自治法には，直接請求権にかかわることについて定められており，住民が直接
　　請求権にもとづいて首長の解職を請求する場合，その請求先となる機関はその地方公
　　共団体に置かれている □ であるとされている。

(1)		(2)		(3)		(4)	
(5)	①			②			

＊（国土地理院発行の2万5千分の1
　　地形図）

2 右の年表を見て，次の問いに答えなさい。〈長崎〉

[(3)10点，他5点×5]

年	できごと
①1872	┌ $\boxed{\text{X}}$ が設立される
1905	│ ②ポーツマス条約が結ばれる
1911	│ ③辛亥革命がおこる A
1920	│ ④国際連盟が発足する
1993	└ B ヨーロッパ連合(EU)が発足する

(1) 下線部①について，この年に政府は生糸をつくる製糸技術の向上をはかるために，海外の機械や技術を導入した官営模範工場として，群馬県に $\boxed{\text{X}}$ を設立した。年表の $\boxed{\text{X}}$ にあてはまる語句を書きなさい。

(2) Aの期間に書かれた（発刊された）ものと，それに関係の深い人物の組み合わせとして正しいものを，次のア～エから１つ選びなさい。

ア 『青鞜』－平塚らいてう　　**イ** 『若菜集』－与謝野晶子
ウ 『舞姫』－夏目漱石　　　　**エ** 『学問のすゝめ』－森鷗外

(3) 下線部②について，その内容や当時の日本の社会状況について述べた，次の $\boxed{\text{Y}}$ にあてはまる内容を，簡潔に書きなさい。

ロシアは，韓国における日本の優越権，遼東半島（リアオトン）の租借権や南満州鉄道の権益，樺太の南半分を日本にゆずることなどを認めた。増税などに耐えて戦争に協力してきた日本国民からは，日清戦争後に結んだ下関条約と違って， $\boxed{\text{Y}}$ ことがきっかけとなって強い不満の声が上がり，東京などで暴動が起こった。

(4) 下線部③に関して，右の資料は，革命の中心となり，翌年建国された中華民国の臨時大総統になった人物である。この人物は誰か，書きなさい。

資料

(5) 下線部④について，国際連盟の本部が置かれた国の位置を示しているものを，右下の地図中のア～エから１つ選びなさい。

(6) Bの期間における日本のできごとについて述べた，次のa～cを年代の古い順に左から並べたものを，下のア～エから１つ選びなさい。

a 大気汚染などの公害問題が深刻化し，公害対策基本法が制定された。

b 経済の民主化をはかるために，GHQの指令にもとづき財閥の解体が行われた。

(注) 地図中の国境線は，現在のもの。

c 私有財産を否定する共産主義などを主張する運動を取りしまるため，治安維持法が制定された。

ア b→a→c　　**イ** b→c→a　　**ウ** c→a→b　　**エ** c→b→a

(1)		(2)	
(3)			
(4)		(5)	(6)

3 次の問いに答えなさい。〈茨城・改〉

(1) 図Ⅰと図Ⅱは, 日本の財政に関するものである。次の**ア〜エ**から正しいものを, 1つ選びなさい。またあとの「　」中の □ にあてはまる語句を書きなさい。

図Ⅰ　国の歳入 (2018年度)

ア 国税の中の直接税において, 所得税の額が占める割合は50%以下である。

イ 国税と地方税を合わせると, 直接税と直接税以外の比率は2：1である。

ウ 国の歳入で, 公債による借り入れ額は最大の割合を占め, 地方税の総額を超える。

図Ⅱ　国税収入と地方税収入 (2018年度)

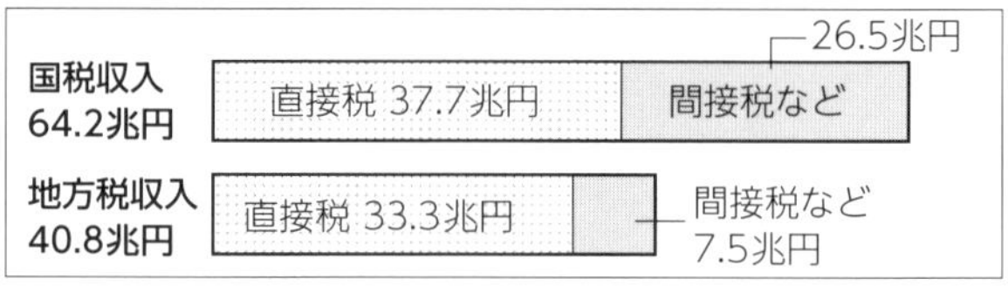

		26.5兆円
国税収入 64.2兆円	直接税 37.7兆円	間接税など

地方税収入 40.8兆円	直接税 33.3兆円	間接税など 7.5兆円

エ 国税における直接税の額は, 地方税における直接税の額より小さい。

注)「間接税など」には, 印紙収入等を含む。
(図Ⅰ, 図Ⅱは財務省「財政金融統計月報」, 総務省令和2年版「地方財政白書」)

「租税負担の公正をはかるため, 所得税では, 所得が多くなるほど税率(所得に対する税金の割合)が高くなる □ という方法がとられている。」

(2) 金融は, 経済活動を円滑にすすめるための重要なしくみである。金融について述べた次の**ア〜エ**の中から正しいものを, 1つ選びなさい。

ア 金融機関を通して貸し手と借り手の間で資金を貸し借りするしくみを直接金融という。

イ 一般の銀行は家計や企業からお金を預金として預かり, 家計や企業に貸し付けを行う。

ウ 日本銀行は, 増税や減税など財政の活動を通じて景気を調節する政策を行う。

エ 日本銀行は, 不景気のとき, 家計に対して直接貸し付けを行う。

(3) 次の文中の □ にあてはまる語句を書き, 下線部について, その理由を書きなさい。

　集団内で意見が対立したとき, 立場や考え方の違いによって, 互いに歩み寄れないこともある。そこで, できるだけ多くの人の意思を反映できる方法として, 挙手や投票などにより賛成者の多い意見を採決する □ (の原理)によって, 最終的な決定をくだすことが多い。決定をくだす際は, 事前に十分な話し合いを行うことが大切である。

(4) 国際連合の機関のうち, 次の文にあてはまる機関を何というか, 書きなさい。

「子ども(児童)の権利条約」にもとづき, 子どもたちの予防接種や栄養状態の改善に取り組むなど, 世界の子どもたちの命と健康と教育を守るための活動を行っている。

(1)	記号	語句	(2)		(3)	語句
(3)	理由					
(4)						

②

高校入試 10日でできる!

中学3年分まるごと総復習 社会

解答・解説

得点チェックグラフ

「定着させよう」「入試にチャレンジ」の得点を,下の棒グラフを使って記録しよう。得点が低かった単元は「整理しよう」から復習して弱点をなくそう。

1日目 世界と日本の姿,人々の生活と環境

0 10 20 30 40 50 60 70 80 90 100(点)

2日目 世界のさまざまな地域

0 10 20 30 40 50 60 70 80 90 100(点)

3日目 日本のさまざまな地域

0 10 20 30 40 50 60 70 80 90 100(点)

4日目 文明のおこり〜古代

0 10 20 30 40 50 60 70 80 90 100(点)

5日目 中世〜近世

0 10 20 30 40 50 60 70 80 90 100(点)

6日目 近代〜第一次世界大戦

0 10 20 30 40 50 60 70 80 90 100(点)

7日目 第二次世界大戦〜現代

0 10 20 30 40 50 60 70 80 90 100(点)

8日目 政治

0 10 20 30 40 50 60 70 80 90 100(点)

9日目 経済

0 10 20 30 40 50 60 70 80 90 100(点)

10日目 国際社会

0 10 20 30 40 50 60 70 80 90 100(点)

● 第1回 入試にチャレンジ

0 10 20 30 40 50 60 70 80 90 100(点)

● 第2回 入試にチャレンジ

0 10 20 30 40 50 60 70 80 90 100(点)

文英堂

整理しよう　　　　解　答

① ユーラシア　② 太平洋　③ アフリカ
④ オセアニア　⑤ ロンドン　⑥ 北極(点)
⑦ 赤道　⑧ 南回帰線　⑨ 石
⑩ 遊牧　⑪ いも　⑫ トナカイ(カリブー)
⑬ 熱帯　⑭ 温帯　⑮ 寒帯
⑯ キリスト　⑰ ヒンドゥー
1 (1) ヨーロッパ (2) 大西洋 (3) 内陸国
　　(4) 島国(海洋国) (5) ① 緯線 ② 90
　　(6) ① 経線(子午線) ② 180
　　(7) 白夜 (8) 沖ノ鳥島
　　(9) ① 択捉島 ② ロシア(連邦)
　　(10) ① 200 ② 排他的経済水域
2 (1) イヌイット (2) 地中海性
　　(3) 熱帯雨林(熱帯林) (4) 焼畑
　　(5) ゲル (6) 小麦
　　(7) 三大宗教(世界宗教)
　　(8) イスラム (9) 仏 (10) 公用語

解　説

① ユーラシアは「ヨーロッパ」と「アジア」を組み合わせた語である。
④ オセアニア州では,オーストラリア以外の国々は,すべて島国である。
⑤ イギリスのロンドン郊外の旧グリニッジ天文台を通る経線(**本初子午線**)を基準として,地球上の東西の位置を表す。
⑦ すべての緯線の中で赤道が最も長く,北極点や南極点に近い緯線ほど短くなる。経線はすべて同じ長さである。
⑨ 石灰岩や大理石など良質な石材にめぐまれたヨーロッパ州の地中海沿岸では,石づくりの家が多い。石灰をぬった白い壁は,強い日ざしを防ぐ役割がある。
⑫ 北極海沿岸の先住民族は,ツンドラではトナカイなどの狩り,川や海の沿岸ではさけやあざらしの漁で暮らしてきた。
⑯ キリスト教は,ヨーロッパ州の国々の植民

地支配などにより世界各地に広まった。
1 (2) このほか北アメリカ大陸,ユーラシア大陸なども大西洋に面している。
　(3) 海の影響を受けにくい内陸国では,夏と冬,昼と夜の気温の差が大きくなる。
　(4) 島国では,漁業が重要な産業となっている。また,熱帯ではさんご礁などの観光資源にめぐまれている。
　(8)・(9) 日本の最東端は南鳥島,最西端は与那国島である。
　(10) 島国で島の数も多い日本の排他的経済水域は広く,国土面積の10倍以上ある。
2 (1) イヌイットとは,この民族の言葉で「人間」という意味である。
　(2) 地中海性気候は大陸の西側の緯度の低い地域に分布する。この気候下では,主に**地中海式農業**が行われている。
　　気候の特徴は,気温と降水量で表した雨温図からも読みとることができる。

▶ 雨温図の読み方

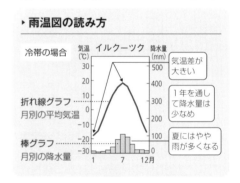

定着させよう　　　　解　答

1 (1) ① A　② ユーラシア大陸
　(2) ① ウ
　　　② a…北(緯),b…東(経)
　　　③ イ
2 (1) エ
　(2) 例 建物がかたむくのを防ぐため。
　　　(建物の熱が伝わるのを防ぐため。)
　(3) ウ
　(4) 国…ウ,宗教…ヒンドゥー教

1 (1) ① この図法を**正距方位図法**という。中心の東京から各都市まで直線で結ぶと，東アジアにある**B**，オーストラリア大陸北部にある**C**，アフリカ大陸西部にある**A**，南アメリカ大陸東部にある**D**の順に近いことがわかる。

② ユーラシア大陸は東側が太平洋，南側がインド洋，西側が大西洋に面する。

(2) ① 地球の反対側の地点の経度は，180度からその地点の経度を引いて求める（180 − 105 = 75）。東経の反対側の地点は必ず西経。

② 本初子午線より東側，赤道より北側に位置することから考える。日本と同じ，東経・北緯の範囲である。

③ 地図上の2点を結んだ直線が，経線に対してつくる角度がつねに正しくなる図法。主に航海で使われてきた。

2 (1) アフリカ州では，サハラ砂漠とその北側ではイスラム教，サハラ砂漠より南側ではキリスト教が主に信仰されている。

(2) 冷帯（亜寒帯）や寒帯の地中には，1年中温度が0℃以下のままとなる，凍った厚い土の層が見られる。これを**永久凍土**という。高床の家は，暖房の熱が地面に伝わり，永久凍土がとけて家が傾くのを防ぐつくりである。

(3) アンデス山脈は，南アメリカ大陸の太平洋岸に沿ってほぼ南北に走っており，高くけわしい山々が連なる。ロッキー山脈は，北アメリカ大陸の西部に連なる。

▶ **アンデス山脈の高地の農牧業**

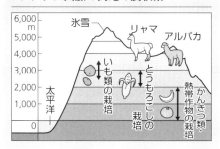

(4) ヒンドゥー教徒にとって聖なる川とされる，ガンジス川での沐浴のようす。

2日目 世界のさまざまな地域

整理しよう　　解答

① 小麦　② 米　③ とうもろこし
④ 地中海式農業　⑤ 二期作
⑥ 適地適作　⑦ 焼畑(農業)
⑧ 石炭　⑨ 鉄鉱石　⑩ 石油(原油)
⑪ 航空機　⑫ ペルシア(ペルシャ)
⑬ 経済特区　⑭ サンベルト

1 (1) 季節風(モンスーン)
　(2) キリスト　(3) 植民地
　(4) ヒスパニック　(5) パンパ
　(6) アボリジニ

2 (1) 石油輸出国機構(OPEC)
　(2) 酪農　(3) ユーロ
　(4) モノカルチャー　(5) カカオ
　(6) グレートプレーンズ
　(7) 多国籍　(8) プランテーション
　(9) バイオ　(10) 露天　(11) 羊

解説

② 米の主要生産国は，東アジアや東南アジア，南アジアに集まっている。

③ メキシコでは，とうもろこしの粉をこねてうすくのばして焼いたトルティーヤなどが食べられている。

⑤ 同じ耕地で同じ種類の作物を1年間に2回栽培することを**二期作**といい，年中気温が高い地域で行われている。

⑥ 気温や降水量，土壌などの自然条件に最も適した農業を行うことである。

⑦ 森林を焼いてできた灰を肥料として，1つの区画で耕作が終わると，別の区画へ移動する。

⑧ 石炭の分布はアメリカ北東部，オーストラリア東部に着目する。

⑨ 鉄鉱石の分布は，オーストラリア西部やブラジル南東部に特色がある。

⑪ フランス・ドイツ・スペインなどで生産された部品を，フランスとドイツの工場で最

終的に組み立てて航空機を生産している。ものや資金の移動が自由なEUの間では、このような国境を越えた生産活動が行われている。

⑬ **経済特区**では税金を安くするなどして外国資本を誘致し、輸出向けの工業を発展させた。

⑭ アメリカ南部の新しい工業地域は、「太陽の光にめぐまれた地帯」という意味で**サンベルト**とよばれる。

1 (1) 季節風の影響が強いのは温暖（温帯）湿潤気候で、大陸の東側に分布する。

(2) キリスト教徒の慣習として、日曜日に教会で礼拝を行うことがあげられる。

(3) 現在のエジプトからアフリカ南部にかけては、主にイギリス、アフリカ大陸西部はフランスの植民地とされていた。

(4) アメリカにおける**ヒスパニック**の人口は、アフリカ系を上回るようになった。

(5) パンパには肥えた土壌が広がり、小麦の栽培や牛の飼育がさかんである。

▶ **南アメリカ州の植生**

セルバ…赤道付近に広がる熱帯雨林。
カンポ…ブラジル中部の草原地帯。
パンパ…アルゼンチン東部の草原地帯。

2 (1) **OPEC**は1960年に結成された機構で、原油価格の動きに大きな影響力をもつ。

(2) 酪農は、穀物栽培に向かない地域で行われることが多い。

(3) **ユーロ**を導入しているEU加盟国間では、外国に行っても通貨を両替することなく買い物をすることができる。

(4) モノカルチャー経済は、農産物や鉱産資源の国際価格の変動により、経済が影響を受けやすい。

(5) 降水量が少ないロッキー山脈からグレートプレーンズにかけて、肉牛の放牧や小麦の栽培が行われている。

(7) 多国籍企業の中には、年間の収益が1か国の国民総所得をこえるものもある。

(8) 欧米諸国から植民地へきた人々が、現地の人々を使って、熱帯産の作物を栽培する**プランテーション**を開いた。

(9) ブラジルはさとうきびの世界有数の生

産国でもある。

(10) 中国の鉄鉱石や石炭の産出地でも、露天掘りが行われている。

(11) **グレートアーテジアン（大鑽井）盆地**をはじめとする比較的乾燥した内陸部で、羊の放牧がさかんである。

定着させよう	解答

1 (1) イ　(2) エ　(3) 経済
(4) 例 (インドでは)アメリカとの時差を利用して仕事の引きつぎができるから。

2 (1) b　(2) ウ　(3) ウ
(4) 情報通信技術(ICT)　(5) イ
(6) 例 B国の輸出総額に対する原油の占める割合の推移
（B国の各年の輸出総額に対する原油の占める割合）

解説

1 (1) 東南アジアの国々を示している。**ASEAN**は東南アジア諸国連合の略称で、東南アジアの経済発展と各国の協力・相互援助を目的としている。アはアジア太平洋経済協力会議、**ウ**はヨーロッパ連合、**エ**は石油輸出国機構である。

(2) Aはサウジアラビア、Bは韓国。Xは輸出上位品目が重化学工業製品となっているので、1960年代から著しい工業化が進み、**アジアNIES**の1つに数えられた韓国である。1978年の段階では、まだ軽工業品や農林水産物が輸出の上位を占めていた。なお、サウジアラビアの輸出は、1978年も2019年も原油（石油）が大部分を占めている。

(3) 中国は社会主義の国として成立したが、1970年代から外国の資本や技術を積極的に導入するようになった。経済特区では中国政府から外国企業に、土地・建物・労働力を提供し、税金を安くした。

(4) 資料Ⅱは、インドとアメリカ(西部)の

間で13時間半の**時差**があることを示している。アメリカの企業で19時に終了したソフトウェア開発などの仕事を，通信回線でインドへ送って8時半から引きつぐ。これにより，24時間体制で仕事を進めることができる。

2 (1) 1年を通じて降水量が少なく，夏の気温は30℃近くになることから，乾燥帯の気候とわかる。aは冷帯（亜寒帯），c・dは温帯。

(2) Aはドイツで，ヨーロッパ州の先進国である点から考える。人口密度は比較的高く，少子高齢化が進んでいるため出生率は低い。1人あたり国民総所得はひじょうに多い。Bのナイジェリアは発展途上国なので，出生率が高く1人あたり国民総所得は少ない**エ**。Cのアメリカは，穀物生産量が多く1人あたり国民総所得が最大の**イ**。残る**ア**はDのブラジルである。

(3) オーストラリア大陸では，18世紀末以降，イギリスからの移民が入植した。

(4) インドで情報通信技術（ICT）産業が発達した理由として，英語を話せる技術者が多いこともあげられる。

(5) Aのドイツが加盟しているのはEUである。GDP（国内総生産），輸出入総額ともに多い**イ**がEUとわかる。**ア**は人口は最大であるがGDPは少ないASEAN。**ウ**は面積が最大なので，広大な国土をもつアメリカやカナダが加盟しているUSMCAである。USMCAは，米国・メキシコ・カナダ協定のこと。NAFTAに代わる新協定として，2020年に発効した。

(6) 原油の国際価格が上がると，Bのナイジェリアの輸出総額も増えていることがわかる。このことから，原油の**モノカルチャー経済**であるナイジェリアの経済の特色を示すために，輸出品の内訳を示す資料を手に入れればよい。

3日目 **日本のさまざまな地域**

① 水田（田）　② みかん　③ りんご
④ 豚　⑤ 乳牛　⑥ カルデラ
⑦ 琵琶湖　⑧ 潮目（潮境）　⑨ 関東ローム
⑩ アメリカ　⑪ 水力
⑫ 地場産業　⑬ 瀬戸内
⑭ 本州四国連絡橋　⑮ 太平洋ベルト
⑯ 中京　⑰ 工業団地　⑱ 札幌

1 (1) ① 環太平洋　② 地震
(2) 大陸棚　(3) ① やませ　② 冷害
(4) 過疎（化）　(5) ニュータウン
(6) アイヌ

2 (1) ンフス台地　(2) 促成
(3) ため池　(4) 卸売　(5) 茶
(6) 銘柄（ブランド）米　(7) 京浜
(8) 養殖　(9) 根釧　(10) 北洋
(11) 新幹線

解説

① 耕地面積では水田が約半分を占めるが，米が農業産出額に占める割合は約2割。
⑤ 乳牛は東日本で飼育数が多い。
⑥ 箱根山の芦ノ湖など，**カルデラ**に水がたまった湖も各地に見られる。
⑧ 三陸沖の潮目は，さんまやさばなど多くの種類の魚が集まるよい漁場となっている。
⑪ 水力発電の占める割合が高い国として，カナダやブラジルがあげられる。
⑫ 地場産業は，地元の素材や資源を利用して，特産品を生産する産業である。
⑭ **本州四国連絡橋**は児島－坂出ルート，神戸－鳴門ルート，尾道－今治ルートからなる。
⑮ 太平洋ベルトには主要な大都市が分布し，日本の人口の約半分が集中する。
⑰ 北関東には，機械・金属・家具・おもちゃなどの工場が，工業団地を形成している。

1 (1) **環太平洋造山帯**は，アンデス山脈・ロッキー山脈・フィリピン諸島・ニュー

ジーランドなどに連なる。

(3) 稲の生長には日照時間と降水量が必要であるが，やませがふくと曇りの日が多くなる。

(4) 過疎地域は，人口減少にともなう学校・病院・交通機関の廃止などの問題をかかえている。

(5) 日本のニュータウンは郊外につくられ，住居と職場の距離が遠い点が特徴である。

2 (2) 促成栽培は**ビニールハウス**などの施設を利用して，出荷時期を早める。

▶ **園芸農業の種類**

施設園芸農業…ビニールハウスなどの施設を利用。

輸送園芸農業…トラックやカーフェリーなどを利用。

(3) 讃岐平野のある瀬戸内海沿岸は，晴れの日が多く1年を通して降水量が少ない。

(4) 大阪市には繊維・薬品など，あつかう商品ごとに問屋街がつくられた。

(5) 牧ノ原の水はけのよい土地は，茶の栽培に適している。

(7) 東京湾岸には，鉄鋼・石油化学などの大工場や，下請けの中小工場が集まる。

(9) 根釧台地では，1950年代から大規模な酪農を行う事業が進められた。

(11) 九州新幹線と北海道新幹線である。

定着させよう　　　　　　　　　　解答

1 (1) ウ
(2) ▲…ウ，■…エ，●…ア
(3) リアス海岸　(4) イ　(5) え
(6) 例 （都市において，）中心部の方が周辺部よりも気温が高くなる（現象）

2 (1) 中部地方　(2) イ
(3) フォッサマグナ
(4) A…う，B…え，C…い
(5) 例 原料を輸入するには，臨海部に位置している方が便利だから。
(6) a…アイヌ，b・c…エ

解説

1 (1) 面積が第1位の**ア**は北海道である。人口が第1位の**エ**は東京大都市圏のある関東，第2位の**ウ**が大阪大都市圏のある近畿となる。日本アルプスのある中部は，山地割合の高い**イ**。

(2) 風力発電は東北や北海道，地熱発電は九州でさかん。

(3) スペインの北西海岸に発達した「ria」とよばれる入り組んだ湾をもとに，リアス海岸とよばれる。

(4) **ア**は廃棄物ゼロをめざす地方公共団体や民間団体，**ウ**はアメリカ南部の工業地域，**エ**は大都市郊外の住宅団地である。

(5) 観光産業やアメリカ軍を対象とするサービス業がさかんな沖縄県では，第三次産業の割合が高い。

2 (1) 3,000m級の山々は飛驒・木曽・赤石山脈，輸送用機械の生産がさかんなのは豊田市など。

(2) Aの兵庫県には，**東経135度線（標準時子午線）**と北緯35度線が通る。

(3) フォッサマグナを境にして，東側では山地はほぼ南北方向に，西側では東西方向にのびている。

(4) Aは乳牛などの畜産が中心の岩手県，Bは庄内平野の米が中心で，山形盆地のさくらんぼなど果実も多い山形県，Cは米にかたよっている秋田県，Dはりんごなど果実が多い青森県である。

(5) 原料である鉄鉱石と石炭を，ほぼ100％船舶による輸入にたよっている。原油を輸入する石油化学工業と同じような立地となっている。

(6) a：ヤムワッカナイはアイヌ語で「冷たい飲み水の川」，サッポロペッは「乾いた大きな川」という意味である。
b・c：濃霧が発生すると晴天の日が少なく，気温が低くなる。

4日目 文明のおこり〜古代

整理しよう　　　　　　　　　　解答

① 猿人　② エジプト　③ 殷(商)
④ シャカ　⑤ 秦　⑥ ローマ　⑦ 卑弥呼
⑧ 聖徳太子(厩戸皇子)　⑨ 壬申の乱
⑩ 大宝律令　⑪ 東大寺
⑫ 坂上田村麻呂　⑬ 遣唐使　⑭ 摂関
⑮ 平等院鳳凰堂

1 (1) 打製石器　(2) 土器
　　(3) 太陽暦　(4) くさび形
　　(5) 孔子　(6) 漢　(7) イエス
2 (1) 貝塚　(2) たて穴　(3) 青銅器
　　(4) 金印　(5) 大王　(6) 埴輪
3 (1) ① 蘇我　② 飛鳥文化
　　(2) 天智天皇　(3) 平城京
　　(4) 墾田永年私財法　(5) 天平
　　(6) 桓武天皇　(7) 最澄
　　(8) 藤原道長　(9) かな文字

解説

① 人類は猿人→原人→新人の順に進化した。
③ 殷では青銅器が発達した。
⑤ 始皇帝の死後，中国各地で農民の反乱が起こり，秦は約15年で滅びた。
⑨ 天智天皇の死後にあとつぎをめぐる壬申の乱が起こり，天智天皇の弟である大海人皇子(のちの天武天皇)が勝利を収めた。
⑪ 聖武天皇は仏教の力にたよって国家を守ろうと考え，都の**平城京**に東大寺を建て大仏を納めた。
⑫ 東北地方で朝廷の支配に抵抗していた蝦夷とよばれる人々をおさえるため，坂上田村麻呂が派遣された。
1 (2) 土器を使うことで，食べ物に火を通したり，食料をたくわえたりすることができるようになった。
　　(3) 太陽暦は太陽を観察して暦を決めた。メソポタミア文明の太陰暦は月の満ち欠けをもとに決めた。

▸ **古代文明の文字**

　エジプト文明の**象形文字**(神聖文字)，メソポタミア文明の**くさび形文字**，インダス文明の**インダス文字**，中国文明の**甲骨文字**を見分けられるようにする。このうち，甲骨文字は**漢字**のもとになった。

(6) 漢は紀元前2世紀後半の**武帝**のとき，国力を一段と強めた。
2 (1) 貝塚は水辺につくられたので，貝塚の分布で当時の海岸や川のようすがわかる。
　　(4) 金印には「漢委奴国王」と刻まれている。
3 (4) この後，土地の開墾が進み，貴族や寺社の私有地が増えていった。
　　(6) 桓武天皇は仏教勢力の強い奈良をはなれて，政治を立て直そうとした。
　　(9) 漢字を変形したり漢字の一部を使ったりしたかな文字により，読み書きが簡単になった。

定着させよう　　　　　　　　　　解答

1 (1) メソポタミア文明　(2) 中世
　　(3) イスラム教
2 (1) ⅰ群…**エ**，ⅱ群…**ク**
　　(2) 卑弥呼　(3) **エ**
3 (1) 法隆寺　(2) 大化
　　(3) 持統天皇
　　(4) ① 律…刑罰のきまり
　　　　　令…政治のしくみ
　　　② 日本書紀　③ 班田収授法
　　(5) **エ**　(6) ⓐ…**ウ**　ⓑ…**イ**
　　(7) 最澄　(8) **ア**

解説

1 (1) メソポタミアとは「2本の川の間」という意味である。
　　(3) イスラム教徒の多い国々では，西暦622年を元年とするイスラム暦を使っている。
2 (1) ⅰ群：縄文時代が始まったころ気候が温暖となり，豊富な木の実にめぐまれた。アは古墳時代，イは弥生時代，ウは旧

石器時代。

ⅱ群：まじないなどのために土偶が使われた。**カ**は飛鳥時代以降，**キ**は弥生〜古墳時代，**ケ**は古墳時代。

(2) 卑弥呼が中国に使いを送ったころ，中国は魏・呉・蜀の三国に分かれていた。

(3) **ア**は紀元前16世紀，**イ**は6世紀，**ウ**は3世紀ごろのこと。

3 (1) 「法隆寺地域の仏教建造物」としてユネスコの世界遺産に登録されている。

(2) 独裁的な政治を行うようになった蘇我氏が，大化の改新で滅ぼされ，国家が土地と人民を直接支配する**公地・公民**の方針が打ち出された。

(3) 天武天皇の死後，律令国家の建設は皇后の持統天皇に引きつがれ，藤原京がつくられた。この都はのちの平城京や平安京を上回る規模だった。

(4) ① 唐の律令制度を取り入れて政治のしくみを整えようとした。

② 朝廷は，国家のおこりや天皇が国を治める理由をまとめようとして，8世紀のはじめに歴史書を編集させた。「紀」の字を「記」とまちがえないように。

③ 班田収授法により**口分田**を割りあてられた6歳以上の男女は，田の面積に応じて稲を**租**として納めた。

(5) 平安京に都が移された794年以降が，平安時代となる。

(6) ⓐ 正倉院に納められた五絃琵琶である。天平文化には，**シルクロード**を通じて伝わった西アジアやインドの文化の影響が見られる。

ⓑ 極楽浄土をこの世に再現したとされる平等院鳳凰堂である。**ア**は飛鳥文化のころ，法隆寺に納められた釈迦三尊像。

(7) 同じ時期に，**空海**は高野山金剛峯寺を建てて**真言宗**を広めた。

(8) 摂関政治は，藤原道長・頼通親子の代に全盛期をむかえた。**イ**は大化の改新を行った。**ウ・エ**は僧侶。

5日目 中世〜近世

整理しよう　　解答

① 平将門　② 白河　③ 平清盛
④ 承久　⑤ 後醍醐　⑥ 室町
⑦ 応仁　⑧ キリスト　⑨ 豊臣秀吉
⑩ 徳川家康　⑪ オランダ　⑫ 享保
⑬ 田沼意次　⑭ 寛政　⑮ 水野忠邦

1 (1) 武士　(2) 後三条
　(3) 太政大臣　(4) ① 守護　② 地頭
　(5) 北条　(6) 金剛力士像
　(7) 元寇(蒙古襲来)
　(8) (永仁の)徳政令　(9) 琉球

2 (1) 鉄砲　(2) 安土　(3) 刀狩
　(4) 千利休　(5) 親藩
　(6) 島原・天草　(7) 元禄
　(8) 公事方御定書　(9) 朱子学
　(10) 国学　(11) 異国船打払令

解説

① 周辺の武士を率いて反乱を起こした平将門に対して，朝廷は武士団の力をかりてこの反乱をしずめた。

② 白河天皇は，位をしりぞいて上皇となった後も，その御所である院で政治を行った。

④ 源氏の将軍が3代で滅びると，北条氏の勢力拡大に反発して後鳥羽上皇が兵をあげたが，幕府は朝廷の兵を破った。

⑤ 建武の新政では公家を重んじる政策が続き，武士たちの間に失望が広がった。

⑦ 室町幕府8代将軍の足利義政のころに，守護大名の勢力争いと義政のあとつぎ問題がからんで，応仁の乱が起こった。

⑨ 豊臣秀吉は四国・九州・関東・東北地方の大名を従え，全国統一をなしとげた。

⑩ 徳川家康は，豊臣秀吉によって関東に領地をあたえられていた。

⑪ 平戸にあったオランダ商館が長崎の**出島**に移され，そこだけで貿易を許された。

⑬ 田沼意次は，商工業をさかんにする政策を

行ったが，一部の大商人と結びついた結果，
わいろが用いられて政治は乱れた。

⑭ 寛政の改革では，学問や出版物が統制され
るなどし，厳しすぎる政策が人々の反発を
招いた。

1 (1) 武士団の中では，平氏と並んで源氏が
強い勢力をもった。

(3) のちには，足利義満や豊臣秀吉も太政
大臣の地位についた。

(4) 守護は国内の警備や犯罪の取りしまり，
地頭は荘園・公領の土地の管理を行った。

(5) 北条氏は，将軍を助けて政治を行う**執権**という地位につき，対立する御家人
をたおして勢力を強めていった。

(6) 金剛力士像のような素朴で力強い彫刻
は，鎌倉文化の特色である。

(7) 2度にわたり元が高麗の軍を従えて，
九州北部にせめてきた。

(8) 御家人が売ったり質流れになったりし
た土地を，ただで返させようとした。

(9) 中山の王となった尚氏が，北山・南山
の勢力を滅ぼして沖縄本島を統一した。

2 (1) 種子島に鉄砲が伝わったと聞いた堺の
商人は，鉄砲製造の技術を学び，大量
生産を始めた。

(2) 水上交通が利用できる琵琶湖のほとり
に，安土城が築かれた。

(3) このころの百姓は，争いごとにそなえ
てさまざまな武器を持っていた。豊臣
秀吉はその武器を取り上げ，耕作に専
念させようとした。

▶江戸時代の大名

親藩…徳川氏の一族。
譜代…古くからの徳川氏の家臣。
外様…関ヶ原の戦いのころに徳川氏に従っ
た大名。

(6) キリスト教のさかんな九州の島原や天
草で，百姓たちが天草四郎という少年
をおし立てて一揆を起こした。

(7)「元禄」という年号が使われていた時期
を中心とする，17世紀末から18世紀
初めにかけて栄えた文化である。

(9) 朱子学は主人と家来，父と子などの上
下関係を重んじた。

(10) 国学は，仏教や儒教が伝わる以前の日
本古来の精神にもどることを主張した。

定着させよう | 解答

1 (1) A…院政　B…平治
(2) 例 自分の娘を天皇のきさきにし，
生まれた子を次の天皇にしたから。
(3) D…源頼朝，E…応仁
(4) イ→ウ→ア　(5) 執権
(6) 建武の新政
(7) F…足利義満，G…明

2 (1) ウ→イ→ア
(2) 例 商工業を活発にする
(3) 太閤検地
(4) 武家諸法度
(5) 例 田沼意次は税をとって幕府の収
入を増やすため，株仲間を認めた。
水野忠邦は物価の上昇をおさえる
ため，株仲間を解散させた。
(6) 工場制手工業（マニュファクチュア）
(7) ① ア　② ウ　③ イ

解説

1 (1) B：平治の乱は平清盛が源義朝を破っ
た戦いである。
(2) 平清盛は娘を天皇と結婚させ，その子
を天皇にしたが，朝廷の政治を思うま
まに動かしたため，貴族や寺社の反発
を招いた。
(3) D：源頼朝は弟の源義経を送って平氏
を滅ぼし，さらに対立するようになっ
た義経が平泉（岩手県）を本拠地に栄え
ていた奥州藤原氏のもとへ逃げると，
奥州藤原氏も滅ぼした。
(4) イは鎌倉時代に運慶らがつくった金剛
力士像，ウは室町時代にえがかれた雪
舟の水墨画，アは安土桃山時代に狩野
永徳がえがいた屏風絵。
(5) 源氏の将軍が3代で絶えると，北条氏

が将軍を補佐する執権という地位を独占して政治を行った。

(6) 1333年に鎌倉幕府が滅亡すると，後醍醐天皇による建武の新政が始まった。

(7) 室町幕府3代将軍だった足利義満は，将軍を退いた後，日本国王として明の皇帝に従う形で貿易を始めた。日明貿易は，倭寇と区別するため合い札（**勘合**）をもたせたので，勘合貿易という。

2 (1) **ウ**は11世紀末，**イ**は16世紀初め。宗教改革に対して，カトリック教会を立て直そうとする動きが**イエズス会**を中心に起こり，アジアなどへ宣教師が送られた。

(2) 織田信長は座をなくし，市場での税を免除して商工業を活発にさせた。

▶ 楽市・楽座令(部分要約)
――
　一　この地に対して楽市を命じた上は，いろいろな座の特権・座役・座の雑税などは，すべて免除する。

(3) 年貢を確実に取るため，耕地ごとに実際に耕作する農民を検地帳に登録した。太閤検地の結果，荘園領主や有力農民がもっていた土地の権利は否定された。

(4) 武家諸法度では築城・結婚・参勤交代のきまりが整えられ，大名は厳しく統制された。

(5) 商品の流通をになう問屋・仲買などの大商人が，**株仲間**という同業者組織をつくった。田沼意次は株仲間を認め，営業を独占させるかわりに一定の税を納めさせた。水野忠邦は株仲間が物価上昇の原因だとして，株仲間の解散を命じた。

(6) 工場制手工業は，織物業，酒・しょう油などの醸造業に多く見られた。道具や材料を貸しあたえて製品を引き取る問屋制家内工業と区別する。

(7) いずれも**化政文化**のころの人物である。十返舎一九はこっけい本，滝沢馬琴は長編小説をあらわした。葛飾北斎は風景画の錦絵をえがいた。

6日目　近代～第一次世界大戦

整理しよう　　　解 答

① 日米和親　② 薩長同盟
③ 大政奉還　④ 五箇条の御誓文
⑤ 廃藩置県　⑥ 学制　⑦ 地租改正
⑧ 西郷隆盛　⑨ 伊藤博文　⑩ 日清
⑪ 日英　⑫ 韓国
⑬ 大正デモクラシー　⑭ 原敬
⑮ 普通選挙

1 (1) ① イギリス　② 産業
(2) 日米修好通商　(3) 尊王攘夷
(4) 王政復古

2 (1) ① 平民　② 徴兵令
(2) 文明開化　(3) 日朝修好条規
(4) 屯田兵
(5) ① 民撰議院設立　② 自由民権
(6) 大日本帝国
(7) 遼東半島　(8) イギリス
(9) 田中正造　(10) ベルサイユ

3 (1) 護憲　(2) 米騒動　(3) パリ
(4) ガンディー　(5) 全国水平社

解 説

① 日米和親条約によって，函館と下田が開港地に選ばれた。

② 薩摩藩と長州藩がひそかに薩長同盟を結び，武力で幕府を倒す計画を進めた。

③ 大政奉還に対して，岩倉具視や大久保利通らは天皇を中心とする新政府の成立を宣言した（**王政復古の大号令**）。

④ 世論を大切にして政治を進めること，外国の文化をとり入れることなどの，新政府の方針が示された。

⑤ 藩を廃止して府県をおき，**府知事・県令**を各府県に送りこんだ。

⑥ 学制により，満6歳になった男女を，小学校に通わせることが義務となった。

⑦ **地価**（土地の値段）を税の基準とし，税率を全国共通で地価の3%とし，土地の所有者

が現金で地租を納めることとした。

⑩ 清は「眠れる獅子」とよばれる大国だったが，日清戦争は日本の勝利に終わった。

⑪ 満州へ勢力を広げるロシアを警戒するイギリスと，日本の利害が一致した。

⑫ 日露戦争に勝利した日本は，韓国を保護国として軍隊を解散させ，さらに韓国を日本の植民地とした。

⑬ 大正期に高まった，自由主義や民主主義の風潮である。

⑭ 立憲政友会総裁の原敬が，大臣の多くを政党の党員が占める，初めての本格的な政党内閣をつくった。

⑮ 納税額による選挙権の制限をなくして，男子による普通選挙制が実現した。

1 (1) ① 国王を追放したイギリス議会がオランダから新しい国王をむかえ，議会を重視することを約束させた。

(2) 日米修好通商条約で，自由な貿易を行うことを認めた。

(3) 幕府が朝廷の許可を得ないまま開国したことから，尊王攘夷の考えが高まった。

2 (1) ② 男子は満20歳になると，3年間の兵役につくこととされた。

(2) 文明開化の動きは都市に限られ，農村では江戸時代と同じ生活が続いていた。

(3) 1871年の日清修好条規と区別する。

▶中国・朝鮮との条約

日清修好条規…「たがいに尊重，援助し合う」
　　　　　　　（対等な条約）
日朝修好条規…「日本の官吏が裁判を行う」
　　　　　　　（朝鮮に不利な条約）

(5) ① 民撰議院設立の建白書では，国民が選んだ議員でつくる議会を早く開くよう要求している。

(7) 遼東半島には，旅順・大連といった軍事的に重要な地があった。

(9) 栃木県選出の衆議院議員だった田中正造は，足尾銅山の操業をやめさせようと，帝国議会で何度も問題を訴えた。

(10) ベルサイユ条約では，ドイツに対して，領土の縮小，賠償金の支払い，軍備の縮小などが課せられた。

3 (1) 護憲運動は藩閥政治を批判して，憲法の精神に基づく議会中心の政治を求めた。

(3) パリ講和会議という。

(4) 第一次世界大戦に協力すればインドの自治を認めるという約束をイギリスが守らなかったため，インドでは完全な自治を求める運動が高まった。

定着させよう　　解答

1 (1) ペリー
(2) 例 領事裁判権（治外法権）を認め，関税自主権をもたなかった。
(3) 戊辰戦争

2 (1) あ…エ，い…ア
(2) 例 税率を地価の3％から2.5％へ引き下げた。
(3) 西南戦争　(4) イ→ウ→ア→エ

3 (1) ウ　(2) Ｂ　(3) ウ
(4) ポーツマス

4 (1) 二十一か条の要求　(2) ア，エ
(3) 例 シベリア出兵を見こした米の買い占めなどにより，米価が急激に上昇した。

解説

1 (1) 東インド艦隊司令長官のペリーは，アメリカ船が日本の港で燃料・水・食料などを補給できるよう求めた。

(2) アメリカ人が日本で罪をおかした場合，アメリカ人の領事が裁判をすることとされた（領事裁判権）。また，日本にはアメリカからの輸入品の関税率を自国だけで決める関税自主権がなかった。

(3) 戊辰戦争は，最新の武器をそなえた新政府軍の勝利に終わった。

2 (1) あ：商工業者を中心とする市民革命によって，国王による独裁が倒され，市民が参加する政治のしくみができた。

(2) 地租による収入は，江戸時代の年貢による収入を下回らないよう計算されたため，農民の負担は軽くならず，全国

で地租改正に反対する一揆が起こった。

(3) 士族は刀を持つことなどの特権をうばわれたうえ，給料も打ち切られ，不満を高めていた。

(4) イは 1874 年，ウは 1882 年，アは 1885 年，エは 1890 年。

3 (1) ロシアがアジアへの勢力を広げたことから，イギリスは日本を味方につけようと考え，条約改正に応じた。イは日露戦争後のこと。

(2) このできごとを三国干渉という。対岸にあるCの山東半島とまちがえないようにする。

(3) キリスト教徒の内村鑑三や社会主義者の幸徳秋水は，ロシアとの戦争をさけるべきだと主張した。アは藩閥政治の中心人物，イは『たけくらべ』を書いた小説家，エは明治維新の政府の中心人物。

(4) ポーツマス条約により日本の韓国支配が確立し，日本はロシアから樺太南部を獲得した。

4 (1) 第一次世界大戦が始まると，欧米諸国のアジアへの関心がうすれた。これを機会に日本は，中国に二十一か条の要求を出した。

(2) 1919年のパリ講和会議で，日本はドイツがもっていた中国の山東省の権益を引きついだ。これに反発して，中国で五・四運動が起こった。

▶ 国際協調の動き

パリ講和会議（1919年）…ベルサイユ条約。国際連盟の設立を決定。

ワシントン会議（1921～22年）…米・英・日・仏・伊5か国の主力艦の保有を制限。日英同盟の解消。中国の領土保全。

(3) 1918年，アメリカ・イギリス・フランス・日本などがロシア革命に干渉するため，シベリア出兵を行った。このとき兵士の食料をあてこんだ米の買い占めが行われたため，品不足で米価が上昇した。

整理しよう　　解 答

① 満州事変　② 五・一五
③ ニューディール（新規まき直し）
④ 日中戦争　⑤ 国家総動員法
⑥ 太平洋戦争　⑦ イタリア
⑧ 朝鮮戦争
⑨ サンフランシスコ平和
⑩ アジア・アフリカ会議
⑪ 国際連合（国連）　⑫ 日韓基本条約
⑬ 沖縄　⑭ 石油危機（オイル・ショック）
⑮ 東日本

1 (1) ブロック経済　(2) ソ連
　(3) ファシズム
　(4) ① 満州国　② 国際連盟

2 (1) 独ソ不可侵条約
　(2) 日独伊三国同盟
　(3) 勤労動員（学徒動員）　(4) 空襲
　(5) 原子爆弾（原爆）

3 (1) 財閥　(2) 冷たい戦争（冷戦）
　(3) 中華人民共和国（中国）
　(4) 日米安全保障条約（日米安保条約）
　(5) 北方領土　(6) ベトナム
　(7) 高度経済成長

解説

① 満州事変で中国東北部を占領した日本軍は，翌年には清の最後の皇帝であった溥儀を元首とする満州国を建国させた。

② 海軍の青年将校などが犬養毅首相を殺害した事件。

③ 積極的に公共事業を起こして景気を回復させようとする政策。

④ 日本軍は首都の南京を占領したが，中国がアメリカ・イギリス・フランス・ソ連の援助を受けたことなどにより，戦争は長期化していった。

⑥ 日本の東南アジア進出，アメリカの対日石油禁輸などを原因として，太平洋戦争が起

こった。

⑧ 第二次世界大戦後，アメリカの支援で朝鮮半島南部に大韓民国(韓国)が成立し，ソ連の支援で北部に朝鮮民主主義人民共和国(北朝鮮)が成立していた。

⑨ アメリカをはじめとする48か国との間に**サンフランシスコ平和条約**を結ぶことで，日本は独立を回復した。

⑪ それまでは国連安全保障理事会において，常任理事国のソ連が日本の加盟に反対していた。

⑬ アメリカからの返還後も，沖縄には広大なアメリカ軍の基地が残された。

⑭ 第四次中東戦争が起こると，西アジアの石油輸出国が原油の値上げと輸出制限を行い，燃料や工業製品の原料を石油の輸入にたよっている日本などの先進国の経済に大きな打撃をあたえた。

1 (1) **ブロック経済**が広まると，自由貿易はさまたげられていった。

(2) スターリンのもと，重工業を中心とした工業化と農業の集団化が進められた。

(3) やがて日本はドイツと日独防共協定を結び，ファシズム諸国に近づいた。

(4) 中国は日本の侵略として国際連盟に訴え，連盟は調査のうえ，日本に軍隊の引きあげを勧告した。

2 (1) 一方でソ連は，独ソ不可侵条約の取り決めによってポーランド東部やバルト三国などを併合した。

(4) 空襲によって，多くの工場や家が破壊され，工業生産はほとんど停止した。

▶ 戦時下の人々

勤労動員…中学生，女学生や未婚の女性も軍需工場などで働かされる。

学徒出陣…文科系の大学生などが軍隊に召集される。

集団疎開…空襲が激しくなると，都市の小(**学童疎開**)学生を農村へ移動させる。

(5) アメリカは，戦争を早期に終結させることと，戦後の世界でソ連に対して優位に立つことを目的として**原子爆弾**を投下した。

3 (1) 日本の経済を支配してきた財閥は戦争への協力勢力とみなされ，その解体を命じられた。

(3) 日中戦争後に，中華民国では国民政府と共産党の間で内戦が起こり，共産党が勝って中華人民共和国を建国した。

(4) 日本の安全と東アジアの平和を守ることを目的とする条約である。

(5) 第二次世界大戦の末期に，ソ連が北方領土に侵攻して占領した。

(6) インドシナ半島の共産主義化を警戒するアメリカの介入が，ベトナム戦争を激化させた。

(7) 高度経済成長のころ，鉄鋼・自動車などの**重化学工業**が発展した。

定着させよう	解 答

1 (1) 政策…ニューディール(新規まき直し)政策
理由…例 政府が公共事業を行うことで，雇用を増やそうとしたため。

(2) ア (3) ウ (4) イ

(5) (集団，学童)疎開

(6) ポツダム宣言

2 (1) 例 農地改革によって，自作農家が増えた。

(2) サンフランシスコ平和条約

(3) ソ連 (4) 高度経済成長(期)

(5) ベルリンの壁 (6) う

(7) ウ→エ→ア→イ

解説

1 (1) ローズベルト大統領が実施した政策である。公共事業を起こしたり，労働者の賃金を引き上げたりすることにより，国民の生活救済と景気回復をはかった。

(2) 満州国の不承認を不服として，日本は**国際連盟を脱退**した。**イ**は1936年，**ウ**は1938年，**エ**は1940年。

(3) ヨーロッパにおけるドイツの勢いを見た日本は，ドイツ・イタリアと軍事同

盟を結んだ。

(4) 大政翼賛会は，国民を戦争に動員する機関として新たに結成された組織である。アは**伊藤博文**が結成した政党，**ウ**は**大隈重信**が結成した政党，**エ**は**板垣退助**が結成した政党。

(5) 国民学校3年生以上の学童の集団疎開が行われた。

(6) ポツダム宣言を受け入れて降伏したのは8月14日，国民がそれを知らされたのは翌15日の天皇のラジオ放送による。

2 (1) 小作農家のほとんどが自作農家へ転換したことが読み取れる。地主の土地の多くを国が買い上げて，小作人に安く売りわたし，農村の民主化をうながした。

(2) サンフランシスコ講和会議では，東側陣営の国々や，日本が侵略したアジアの国々の多くとの間では講和が実現しなかった。

(3) 国連の常任理事国であるソ連は，それまで日本の国連加盟に反対していたが，日ソ共同宣言により方針を変えた。

▸ **戦後日本の外交**

日ソ共同宣言（1956年）…鳩山一郎首相。ソ連との国交を回復した。

日韓基本条約（1965年）…佐藤栄作首相。韓国との国交を回復した。

日中共同声明（1972年）…田中角栄首相。中華人民共和国との国交を回復した。

(4) このころ，池田勇人内閣の「**所得倍増計画**」が打ち出され，国民の意識は経済成長へ向かった。

(5) 1961年，東ドイツ側住民の脱走を防ぐため，東西ベルリンを隔てるベルリンの壁が築かれた。

(6) 1964年の東京オリンピックは，アジア最初のオリンピックである。1940年にも予定されていたが，日中戦争によって開催されなかった。

(7) **ウ**は1949年，**エ**は1955年，**ア**は1989年，**イ**は1993年である。

8日目 政治

整理しよう　　解答

① 合意　② 公正　③ フランス人権
④ 天皇　⑤ ワイマール　⑥ 国民主権
⑦ 平和主義　⑧ 法　⑨ 経済活動
⑩ 生存権　⑪ 小選挙区
⑫ 比例代表　⑬ 違憲立法　⑭ 最高
⑮ 司法権　⑯ 直接請求権

1 (1) ① 国際分業　(2) 情報化
　　(3) 芸術

2 (1) 法の支配　(2) ① 最高法規
　　② 3分の2　③ 国民投票
　　(3) 非核　(4) ① 女子差別撤廃
　　② 男女雇用機会
　　(5) ① 選挙権　② 裁判
　　(6) ① プライバシー　② 知る

3 (1) ① 普通選挙　② 18
　　(2) 衆議院　(3) 国会議員
　　(4) ① 刑事　② 民事
　　(5) 三権分立（権力分立）
　　(6) 地方分権

解説

① より多くの人が合意することができるルールづくりをめざす必要がある。

② 公正には，だれもが平等に参加する「手続きの公正」と，だれもが平等に納得する「結果の公正」がある。

③ フランス人権宣言では，思想や表現の自由などの自由権が保障されている。

⑤ ワイマール憲法では，生存権などの社会権をはじめとして，国民主権，男女平等の普通選挙，経済活動の自由がもりこまれた。

⑥ 国民が国の政治の決定権をもち，国民の意思に基づいて政治が行われるという原理である。

⑧ 法の下の平等は，選挙や家族生活などさまざまな面において保障されている。

⑨ 経済活動の自由には，居住・移転の自由，

財産権の保障などがふくまれる。

⑪ 1つの選挙区から1人の議員を選ぶ選挙制度を小選挙区制という。

⑫ それぞれの政党の得票率に応じて議席数を決める選挙制度を比例代表制という。

⑬ 内閣による行政処分や命令についても，裁判所は同様に違憲審査権を行使できる。

⑭ 内閣から**指名**されるのは最高裁判所長官のみで，その他の裁判官は内閣から**任命**される。

⑯ 地方自治では，住民の積極的な政治参加のため，直接民主制の要素を取り入れた直接請求権が認められている。

1 (1) 質のよい品をより安く提供しようとする国際競争が進んだ結果，国際分業が行われるようになった。

(2) 近年，プライバシーや知的財産権の侵害などの問題も現れている。

(3) 芸術のほか，科学・道徳・宗教・学問など，人間の生活の仕方，人間がつくった物事に対する感じ方などを，まとめて**文化**という。

2 (1) 権力の濫用を防止し，国民の自由や権利を守るための原則である。絶対君主や独裁者による人の支配を否定して生まれた。

▸**法の支配と人の支配**

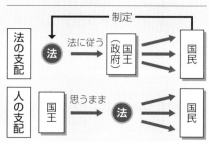

(4) ② 就職での採用や配置，給与や昇進などにおいて，性別を理由とした差別を禁止している。

(5) ② 国民が権利・自由を侵害されたとき，その回復のために裁判を受ける権利が必要となる。

(6) ① 他人によって個人の私生活がみだりに公開されない権利である。

3 (1) 第二次世界大戦直後までは，性別によ

り選挙権が制限されていた。

(2) 衆議院は解散があること，議員の任期が短いことなどを理由として，参議院より優越する権限があたえられている。

(3) 内閣総理大臣は国民による直接選挙ではなく，国会における投票で国会議員の中から指名される。

(4) ① 刑事裁判において，検察官は被告人の有罪を証拠をもとに証明しようとし，弁護人はそれに対して反論をする。

(5) 国民主権の原理がしっかり働くようにするため，国の権力のかたよりをなくし，互いに抑制させている。

定着させよう **解 答**

1 (1) ① ヒト ② **例** 公共施設の案内板を，多言語で表示している。
　(2) ア
2 (1) a…社会権，b…人権を守るための権利，c…自由権
　(2) 公共の福祉
　(3) 男女共同参画社会基本法
3 (1) A…本会議，B…委員会
　(2) ウ，エ，カ
　(3) 三審制 (4) a…オ，b…イ
　(5) **例** 一票の価値が約半分である。
4 (1) A…住民，B…民主主義の学校
　(2) ウ

解 説

1 (1) ① 航空輸送の発達でヒトの移動が活発になるにともなって，伝染病の世界的な拡大も問題となっている。
② 同じ文章を日本語・英語・韓国語・中国語で表現している。外国人観光客の急増にともなって，民間の商業施設でも多言語の案内表示が増えている。
(2) ウは3月，エは5月，アは7～8月，イは11月である。

2 (1) a：このほかに，生存権・労働基本権・勤労の権利が社会権にふくまれる。

b：請願権である。人権を守る権利のうちの参政権の一種である。

c：信教の自由は，自由権のうちの精神の自由にふくまれる。

(2) 公共の福祉による個人の人権の制限には，次のような例がある。
　・他人の名誉を傷つける行為の禁止。
　・公務員のストライキの禁止。
　・デモの規制。
　・感染症における入院措置。

3 (1) **A**：本会議は，衆議院・参議院とも所属する総議員により構成される。
　　B：国会の委員会には，常任委員会と特別委員会がある。

(2) **ア**は国会，**イ**は裁判所，**オ**は地方公共団体の仕事。

(3) 第一審は簡易裁判所・家庭裁判所・地方裁判所のいずれかで行われる。

(4) **ア**は内閣総理大臣の指名，**ウ**は最高裁判所長官の指名，**エ**は命令・規則・処分の違憲審査，**カ**は弾劾裁判。

(5) 選出する議員1人あたりの有権者数が多いほど，1票の価値は低い。高度経済成長期に農村から都市に人口が移動した結果，農村では少ない票で選挙に当選できるようになった。

4 (1) 地方自治は住民自身の手によって行われる部分が多いことから，政治の原点とされる。

(2) $\dfrac{120}{6000} = \dfrac{1}{50}$ により，50分の1以上の署名が必要な請求とわかる。

▶直接請求権

請求の種類	必要な署名	請求先
条例の制定・改廃の請求	（有権者の）50分の1以上	首長
監査請求 事務のしかたなどについて監査を求める		監査委員
解散請求 議会の解散を請求する	（有権者の）3分の1以上	選挙管理委員会
解職請求 首長・議員		選挙管理委員会
解職請求 その他の役員など		首長

9日目　経済

整理しよう　　**解答**

① 賃金　② 税金　③ 供給　④ 需要
⑤ 均衡　⑥ 独占価格　⑦ 株主
⑧ 株主総会　⑨ 配当
⑩ 派遣労働者（派遣社員）　⑪ 発券銀行
⑫ 政府の銀行　⑬ 不況（不景気）
⑭ 好況（好景気）　⑮ 社会保険
⑯ 社会福祉

1 (1) 財　(2) ① 消費支出　② 貯蓄
　(3) 製造物責任法（PL法）　(4) 流通

2 (1) 独占禁止法　(2) 公企業
　(3) ワーク・ライフ・バランス
　(4) ① 終身雇用　② 年功序列
　(5) 労働基準法　(6) 直接金融

3 (1) 国債　(2) 累進課税
　(3) 消費税
　(4) インフレーション（インフレ）
　(5) 財政政策　(6) 公的扶助
　(7) 円高

解説

① 労働者は労働力を提供し，企業や政府から賃金を受け取る。

② 税金は多くの人々が共同して利用する社会資本などの整備に使われる。

③ 「売り手」とあるので，生産者が売ろうとする供給量とわかる。

⑤ 売ろうとする商品の量（供給量）と買おうとする商品の量（需要量）が一致する価格が，均衡価格である。

⑥ 少数の企業は独占価格の設定により，高い利益を得ることができるが，消費者は高い商品を買わされることとなる。

⑦・⑨ 株主は，自己が所有する株式の数に応じて，会社の利益の一部を配当として受け取ることができる。

⑧ 株主総会では，株主は持ち株数に応じた議決権をもつ。

⑩ 派遣労働者やパートタイム労働者，契約社員を，まとめて**非正規雇用**とよぶ。

⑪ 発券銀行である日本銀行は，日本銀行券(千円札・二千円札・五千円札・一万円札)が世の中に出回る量を管理している。

⑬ 不況時に減税をすると，家計の所得から消費に使える部分が増えるため，経済活動が活発になる。

⑭ 好況時には増税などによって，世の中に出回るお金の量を減らして，景気の過熱をおさえようとする。

⑮ 社会保険の財源は，主に個人や会社などが支払う保険料でまかなわれている。

1 (1) 一方で，モノを受け取るのではなく，何かをしてもらうことを**サービス**という。

(2) ① 食料費，住居費，光熱・水道費など，決まって必要になる支出が消費支出。
② 所得から消費支出・税金・社会保険料などを引いた残りが，貯蓄となる。

(3) 製造物責任法は，消費者が製造業者の過失を証明しなくても賠償請求ができる点に特徴がある。

(4) 卸売業者や小売業者の利益が上乗せされるため，流通経路を経るたびに商品価格は高くなっていく。

2 (1) この法律のもとで，公正取引委員会が価格カルテルなどの取りしまりにあたっている。

(3) ワーク・ライフ・バランスの実現のため，政府も育児・介護休業法の改正やテレワークの推進などに取り組んでいる。

(5) 労働基準法は，日本国憲法第25条の生存権，第27条の勤労の権利に基づいて制定された。

(6) 直接金融のほかに，間接金融がある。

▶**直接金融と間接金融**

3 (1) 国債には，国の歳入不足を補うために発行される赤字国債(特例国債)と，道路や港の建設などの公共事業のために発行される建設国債の2種類がある。

(2) 累進課税は税負担の公平化を図るため，所得税や相続税に取り入れられている。

(3) 消費税は所得に関係なく一律で課税されるため，低所得者ほど税の負担が大きくなる逆進性の特徴をもつ。

(4) 好況のときに物価が上がり続け，貨幣の価値が下がる現象である。

(5) 公的扶助は生活扶助・住宅扶助・教育扶助・医療扶助などから成り立つ。

(7) 円高になると輸入には有利に，輸出には不利にはたらく。

定着させよう　　解答

1 (1) 家計　(2) エ
(3) ① 株式
② 事業所数…C，付加価値額…A
(4) 公正取引委員会
(5) 例 入荷量が多い時期は価格が安く，入荷量が少ない時期は価格が高い。

2 (1) ① 間接金融　② 日本銀行
(2) ① 財政　② ア，イ
③ あ…7
い…例 公債金の方が国債費より多い
(3) 例 所得が高い人ほど，税率が高くなるしくみ。
(4) 現象…少子高齢化，資料…ア，ウ
(5) 団体交渉権

解説

1 (1) 家計・企業・政府の間で，お金やモノ，サービスが交換され，お金が循環することで，経済活動が成り立っている。

(2) 消費者の保護をかかげる消費者保護基本法が2004年に改正され，消費者の自立支援をかかげる**消費者基本法**が新たに公布された。

(3) ① 株式は証券会社を通して証券取引所で取り引きが行われ，株式の需要量と供給量によって株価が決まる。

② 日本の企業数の99％以上が中小企業であるが，付加価値額のほぼ半分を大企業が占めている。

(5) 価格が上がれば需要量は減り，供給量は増える。供給量が需要量をうわ回る状態が続くと商品が余り，価格は下落に転じる。

2 (1) ① 銀行や保険会社などの金融機関を仲立ちとして資金を貸し借りするしくみを，間接金融という。

② 日本銀行は日本の中央銀行であり，一般の金融機関とは異なるさまざまな役割をはたしている。

(2) ① 財政には次のようなはたらきがある。

・**資源配分の調整の機能**…民間では供給しにくいモノやサービスを供給する。

・**所得の再分配の機能**…税制や社会保障を通じて，高所得者と低所得者の格差を縮める。

・**景気の安定化の機能**…財政政策などによって景気を安定させる。

② 実際に税金を負担する人のことを担税者という。直接税では納税者と担税者が同じで，間接税では異なる。

③ 資料Ⅱの社会保障・地方交付税交付金・国債費を合計すると割合は約73％となる。歳入の公債金は国の借金である国債の元本の合計額，歳出の国債費は国債の元本と利子の合計額である。

(3) 累進課税により，労働すればするほど税金が高くなるので，人々の労働意欲を低下させる要因ともなる。

(4) **ア**は「医療や年金への支出」，**ウ**は「徴収される保険料や税収」を確認するために必要な資料である。少子高齢化の進行により，育児や介護への支援のいっそうの充実が求められるようになった。

(5) 団体交渉権に加え，団結権・団体行動権を**労働基本権（労働三権）**という。これは基本的人権のうちの社会権にふくまれる。

10日目 国際社会

整理しよう　　解答

① 領土　② 排他的経済　③ 国際司法
④ 経済社会　⑤ 部分的核実験禁止（停止）
⑥ 包括的核実験禁止
⑦ ASEAN　⑧ EU　⑨ 難民
⑩ イラク　⑪ 化石　⑫ 再生可能
⑬ 発展途上　⑭ 温暖化
⑮ 先進（先進工業）

1 (1) 主権国家
(2) ① 竹島　② 北方領土
(3) 総会
(4) ① 常任理事国　② 拒否権
(5) ユニセフ（UNICEF）
(6) パレスチナ
(7) テロ（テロリズム）

2 (1) フェアトレード（公正貿易）
(2) ODA（政府開発援助）
(3) マイクロクレジット（少額融資）

3 (1) オゾン層　(2) 酸性雨
(3) 地球サミット（国連環境開発会議）
(4) 温室効果　(5) SDGs

解説

② 排他的経済水域の範囲は，海の利用に関する国連海洋法条約で設定された。

④ 経済社会理事会は，経済・社会・文化・教育・保健など国際的諸問題をあつかう機関である。

⑤ 1960年代には，核兵器の大量所有が米ソ相互の破滅をもたらすという認識が高まり，核軍縮が進められた。

⑥ 核兵器開発に必要な核実験が禁止された。

⑦ 東南アジアの安定と発展をめざして，1967年にASEANが結成された。

⑧ EUは，加盟国数でASEAN・USMCAを，人口でUSMCAをうわ回っている。

⑨ 難民の数は，1990年代のユーゴスラビア内戦，2000年代のイラク戦争の後に急増

している。

⑪ 石炭・石油・天然ガスなどの化石燃料は、世界のエネルギー消費の8割以上を占める。

⑬ アジア・アフリカの発展途上国は、「**人口爆発**」の状態となっている。

⑭ 森林の伐採などで**熱帯林**が減少すると、森林がつくる酸素が減って二酸化炭素が増え、地球の温暖化がいっそう進む。

1 (1) 主権国家は、他国に支配されたり干渉されたりしない権利などをもつ。

(3) 国連総会では通常、過半数で議決する。

(5) ユニセフは病気から子どもを守るための予防接種や、飢えに苦しむ子どもの栄養状態の改善などに取り組んでいる。

(6) 19世紀後半にユダヤ人がパレスチナに移住を始め、国家を建国しようとすると、そこに住むパレスチナ人との間に対立が生まれた。

2 (1) フェアトレードは、発展途上国の人々の自立をうながし、支える取り組みとして行われている。

(2) 1990年代、日本は政府開発援助の援助額が世界一だった。

3 (1) オゾン層は、生態系にとって有害な紫外線を吸収する役割を果たしている。

(3) 現代に生活している人々が利益を受けながら、将来の世代も開発の利益を得ることができるような開発を、**持続可能な開発**という。

(4) 温室効果ガスの濃度が高まると、太陽熱が地球の表面にとどまり、大気の温度が上昇する。

(5) SDGsは貧困や飢餓をなくしたり、教育を普及させたりするための取り組みで、2030年までに達成すべき17の目標を定めている。

定着させよう 解答

1 (1) イ
(2) 核拡散防止（核不拡散）条約（NPT）

(3) 難民
2 (1) 安全保障理事会
(2) 例 常任理事国のうち1か国でも反対すれば決定できない。（常任理事国すべてが賛成しなければ決定できない。）
(3) 国際司法裁判所　(4) イ
3 (1) a…キ, b…オ　(2) イ　(3) イ
4 (1) 京都議定書　(2) C　(3) 持続
(4) 例 廃棄物を資源として再生利用する

解説

1 (1) 国家の主権がおよぶ領域は、領土・領海・領空からなる。
(2) 核兵器を保有するアメリカ・ソ連（現在はロシア）・中国・イギリス・フランス以外の国の核の保有を禁止している。

2 (1) 安全保障理事会は、平和の実現のために経済封鎖や軍事的制裁の決議を行う。
(2) 常任理事国の重大な利益に関係する問題では、拒否権が行使されて決定できないこともある。
(4) アは1949年、イは1990年、ウは1917年、エは1965年である。

3 (1) b：ウのNPO（非営利組織）と区別する。NPOが国内の問題に取り組んでいることが多いのに対して、NGOは地球環境や国際平和など国境をこえた問題に取り組んでいることが多い。
(3) APECは、貿易や投資の自由化、経済や産業の技術協力を進めている。

4 (1) 京都議定書では、2008～12年の期間における温室効果ガスの排出量を、1990年に比べて5.2%削減することが先進国に義務づけられた。2015年には、発展途上国をふくむすべての国が参加する、2020年以降の新たな地球温暖化対策を定めた**パリ協定**が採択された。
(2) Aはインド、Bはロシア、Dはドイツ。
(4) 廃棄物の発生をおさえる取り組みである。リデュースは発生抑制、リユースは再使用、リサイクルは再生利用の意。

解答

---

1. (1) エ　(2) イ
   (3) 混合農業　(4) B
2. (1) 愛知県(滋賀県，三重県)
   (2) イ　(3) イ…多い，ロ…A，ハ…D
   (4) 例 (北関東では，)高速道路の延長
   にともなって，工業生産がのびて
   きた。
3. (1) エ　(2) ア
   (3) ① D　② 例 借金がなくなった
   (4) ウ
4. (1) ① イ→ア→ウ　② エ
   (2) インフォームド・コンセント
   (3) ア　(4) 弁護人(弁護士)
   (5) 例 情報をうのみにせず，冷静に判
   断する必要がある。

解説

1. (1) 地図Ⅱは，中心からの距離と方位が正しく表された正距方位図法である。アフリカ大陸は東京の西にあり，10,000〜15,000kmの範囲に位置している。アは東京から見て北北東の誤り。イは東京とニューヨークを直線で結ぶと，北極海などを通過する。ウは0°と書かれた楕円が赤道である。アフリカ大陸と南アメリカ大陸を通っていることがわかる。

(2) ◎は温帯の西岸海洋性気候に属し，1年中温和で降水量は少なめである。しかも南半球に位置するため，6〜8月ごろが冬となり気温が低いイのグラフがあてはまる。⑥は高山気候のウ，◎は熱帯のエ，◎は乾燥帯のア。

(3) アルプス山脈より北側の西ヨーロッパの地域を示している。混合農業は土地を有効に活用した農業であるが，近年は酪農や園芸農業に切りかえる地域も

現れている。

(4) 中国につぐ第2位の人口をもつ国，インドがあてはまる。ヒンドゥー教はほぼインドのみで信仰される民族宗教であるが，インドの人口が多いため，三大宗教の1つである仏教よりも信者の人口が多くなっている。ソフトウェアをはじめとする情報通信技術(ICT)産業は，インド南部のベンガルール(バンガロール)などで発達している。Aはアルジェリア，Cはモンゴル，Dはメキシコ。

2. (1) 中部地方と近畿地方の境界に接する県は福井県・岐阜県・愛知県・京都府・滋賀県・三重県。このうち愛知県(名古屋市)，滋賀県(大津市)，三重県(津市)があてはまる。

▶ **県庁所在地と県名が異なる県(17県)**

北海道(札幌市)，岩手県(盛岡市)，宮城県(仙台市)，茨城県(水戸市)，栃木県(宇都宮市)，群馬県(前橋市)，神奈川県(横浜市)，山梨県(甲府市)，石川県(金沢市)，愛知県(名古屋市)，三重県(津市)，滋賀県(大津市)，兵庫県(神戸市)，島根県(松江市)，香川県(高松市)，愛媛県(松山市)，沖縄県(那覇市)。
(埼玉県はひらがなで，「さいたま市」と書く。)

(2) 夏より冬の降水量が多いことから，大陸からの北西季節風の影響を受けて多くの雪が降る日本海側の気候とわかる。アは北海道の気候，ウは瀬戸内の気候，エは太平洋側の気候，オは南西諸島の気候。

(3) イ：資料Ⅱのきゅうりに関して，①の宮崎県では冬から春にかけて出荷量が多くなっている。ここではビニールハウスなどの施設を利用して出荷時期を早める促成栽培が行われている。資料Ⅲのレタスに関して，②の長野県では夏の出荷量が多くなっている。ここでは夏でも涼しい高原の気候を利用して，高冷地農業が行われている。
ロ・ハ：③の千葉県では露地栽培でほうれんそうがつくられている。ここは

東京都に近いため，安い輸送費で新鮮な野菜を出荷することができる。これを近郊農業という。

(4) 1965年から2018年にかけての製造品出荷額等ののびは，茨城県・栃木県・群馬県などで大きくなっている。これらの県では，同じ期間の高速道路の延長距離も大きくなっている。北関東では，高速道路の入り口であるインターチェンジの近くに工場が進出し，工業製品をトラック輸送している。

③ (1) 中大兄皇子は大化の改新を進めるとともに，朝鮮半島で新羅・唐に攻められた百済を助けるため，大軍を送った。日本はこの白村江の戦いで大敗して朝鮮半島から手を引き，中大兄皇子は大津宮(滋賀県)で即位して天智天皇となった。

(2) 坂上田村麻呂が征夷大将軍に任命されたのは797年で，桓武天皇のころ。東北地方北部では，蝦夷とよばれる人々が狩り・採集を中心とする伝統的な生活を続け，朝廷の支配に抵抗していた。イ～エは8世紀前半のできごと。

(3) ① 正長の土一揆は，農民による自治の発達と惣どうしの結びつきを背景として，1428年に起こった。室町時代の主な一揆には，次のものがある。

▶ 室町時代の主な一揆

正長の土一揆(1428年)…京都府・滋賀県
山城国一揆(1485年～)…京都府
加賀の一向一揆(1488年～)…石川県。浄土真宗(一向宗)の信者が中心

② 農民(土民)の一致団結(一揆)した行動という意味で，土一揆とよばれる。土一揆は高利貸しをおそい，徳政(借金の帳消しや返済延期)を幕府に求めた。

(4) 江戸時代の前半にあたる。17世紀末から18世紀初めにかけて，上方(大阪や京都)を中心に元禄文化が栄えた。井原西鶴は『日本永代蔵』などの浮世草子を書いた。アは鎌倉文化，イは桃山(安土桃山)文化，エは国風文化。

④ (1) ① イのフランス人権宣言は1789年に出され，表現の自由や思想の自由などの自由権を保障し，世界の憲法に多大な影響をあたえた。アのワイマール憲法は1919年。すべての人が人間らしく生きられるように保障することも国家の役割だとして，初めて社会権を取り入れた。ウの世界人権宣言は1948年。人権の保障のためにすべての国が達成すべき共通の基準として公布された。

② 国家が本などの内容を強制的に調べることを，検閲という。太平洋戦争の敗戦までの日本では，検閲が厳しく行われ，表現の自由などが制限された。

(2) このほか自己決定権として，死を間近にした患者が延命治療をこばんで死を迎える権利(尊厳死)，脳死と判断されたときに他者へ移植するために，臓器を提供する意思があることを表明する権利などがある。プライバシーは他人に明かされたくない個人の情報，マニフェストは政党が政策の財源や達成期限などを具体的に約束した政権公約，ストライキは労働者が会社側に要求を訴えるために労働を行わないこと。

(3) 司法権の立法権に対する抑制となる違憲審査権を示している。イは弾劾裁判，ウは最高裁判所長官の指名など，エは衆議院の解散などがあてはまる。

(4) 経済的理由で弁護人を頼めないときは，国が国選弁護人をつける。

(5) マスメディアの情報が常に正しいとは限らない。また，情報の流し方によって世論を操作することも可能である。世論に大きな影響をあたえ，政治や経済の動きを大きく変えることもできるマスメディアは，立法・行政・司法に次ぐ「第四の権力」ともよばれる。

解答

1 (1) **イ** (2) **エ** (3) **ア** (4) **ア**
　(5) ① 条例　② 選挙管理委員会
2 (1) 富岡製糸場　(2) **ア**
　(3) 例 賠償金を得られなかった
　(4) 孫文　(5) **エ**　(6) **エ**
3 (1) 記号…**イ**，語句…累進課税
　(2) **イ**　(3) 語句…多数決
　　理由…例 少数意見の人の権利を侵害しないよう，その意見を尊重する必要があるため。
　(4) 国連児童基金(UNICEF)

解説

1 (1) 漢字4文字を書いた札を2つに割り，それぞれ底簿と勘合をつくった合い札が勘合である。15世紀に始まった明との間の貿易で，倭寇と正式の貿易船を区別するために，勘合が用いられた。**ア，ウ，エ**はいずれも鎌倉時代。

(2) **X**側の山頂は三角点に116.0mと記されている。縮尺が2万5千分の1なので，山頂から2本目の太い等高線は標高100m。その南のいただきは，この等高線と同じ標高で100m。さらに南のいただきは80mである。

▶ 断面図のえがき方

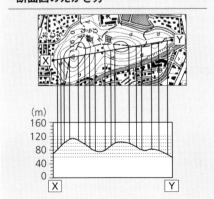

(3) 徳川慶喜は大政奉還で政権を朝廷に返した後，天皇のもとで自分が中心となって政治を進めようと考えたが，王政復古の大号令が出されたため失敗に終わった。**イ・ウ**は明治政府の政策。

(4) 四角形の面積でなく外周が問われているので注意する。「実際の距離＝地図上の長さ×縮尺の分母」により，7.8(cm)×25000 = 195000(cm)。単位を直すと1950mとなる。

(5) ① 条例は，地方議会で制定する決まりで，その地方公共団体のみに適用され，罰則をつけることも可能である。京都市では市街地景観整備条例が制定され，建物の高さ，デザイン，広告などが規制され，歴史的な町並みを守っている。本来ははでなファストフード店などの看板も，京都市では白や灰色を基調としている。
② 首長や議員を解職した後は，新たな首長や議員を選挙する必要がある。このため，解職請求(リコール)は選挙管理委員会に対して行われる。議会の解散請求も同様である。

2 (1) 富岡は養蚕がさかんであること，燃料の石炭がとれること，水が豊かであることなどから，製糸場の建設地に選ばれた。富岡製糸場では，フランス人技術者の指導のもと，フランスの機械を使って生糸の生産を行った。

(2) 明治〜大正時代にあたる。『青鞜』は，1911年に平塚らいてうを中心として結成された，女性解放をめざす青鞜社が発行した雑誌である。『若菜集』は島崎藤村，『舞姫』は森鷗外，『学問のすゝめ』は福沢諭吉の作品。

(3) 次ページのグラフのように，日清戦争に比べて日露戦争では国民の負担や犠牲が大きかったにもかかわらず，賠償金を得られなかったことで，国民の不満が高まった。

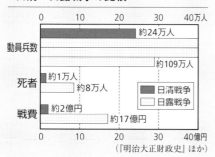

▶日清・日露戦争の比較

動員兵数 約24万人 約109万人
死者 約1万人 約8万人
戦費 約2億円 約17億円
■日清戦争 □日露戦争
（『明治大正財政史』ほか）

(4) 孫文は，日露戦争後の東京で清を倒す
ための運動を始め，民族の独立や民主
政治の実現をめざす三民主義を唱えた。
1911年の辛亥革命では，帰国後に臨
時大総統となって中華民国を成立させ
た。孫文のあとに実権をにぎり，独裁
政治を行った軍人の袁世凱と区別する。

(5) 国際連盟はスイスのジュネーブに本部
をおき，イギリス・フランス・イタリ
ア・日本が常任理事国となった。

(6) cの治安維持法は，1925年に共産主
義者などを取りしまるために制定され
た。bの財閥解体は1945年で，軍国
主義を支えてきた三井・三菱・住友・
安田などの大資本が解体された。aの
公害対策基本法は1967年で，四大公
害病が問題となった時期にあたる。

3 (1) 直接税の合計は37.7＋33.3により
71.0（兆円）。直接税以外の合計は
26.5＋7.5により34.0（兆円）。この比
率はおよそ2：1となる。
アは図IIによると国税の直接税が37.7
兆円。図Iで所得税は97.7（兆円）×
19.5÷100により約19.1兆円。これ
は37.7兆円の50％以上を占める。
ウは図Iによると公債による借入額（公
債金）は，国の歳入では34.5％を占める。
97.7（兆円）×34.5÷100により約
33.7兆円。これは図II中の40.8兆円
の地方税収入より小さい。
エの国税における直接税の額は37.7兆
円で，地方税における直接税の33.3兆
円より大きい。
累進課税は，所得税や相続税に取り入

れられている，所得や財産の多い人ほ
ど税率が高くなる課税方法である。

▶税金の種類

		直接税	間接税
国税		所得税 法人税 相続税	消費税 酒税 揮発油税 たばこ税 関税
地方税	（都）道府県税	道府県民税 （都民税） 事業税 自動車税	地方消費税 道府県たばこ税 （都たばこ税） ゴルフ場利用税 軽油引取税
	市（区）町村税	市町村民税 （特別区民税） 固定資産税	市町村たばこ税 （特別区たばこ税） 入湯税

(2) 資金が不足している人と余裕がある人
との間で，資金の橋わたしをすること
が金融の役割である。そのサービスを
行っているのが金融機関。アは間接金
融の誤り。ウの財政政策は政府が行う。
エの日本銀行は政府や一般の銀行との
間で取り引きを行う。

(3) 最初から多数決を取るのではなく，十
分な議論をつくしたうえで意見が一致
しない場合に，多数の意見を採用する。
その際，少数意見も尊重されなければ
ならない。

(4) 子ども（児童）の権利条約はユニセフが
草案づくりにあたった条約で，18歳未
満を子どもと定義して，その権利を保
障している。この条約に基づき，ユニ
セフが子どもたちの命を守り，すこや
かに育てるための活動をしている。